Oneiromancy

Oneiromancy
Winétt de Rokha
Translated by
Jessica Sequeira

Smokestack Books
1 Lake Terrace, Grewelthorpe, Ripon HG4 3BU
e-mail: info@smokestack-books.co.uk
www.smokestack-books.co.uk

First published as Oniromancia
(Editorial Multitud, Chile, 1943).

Spanish text copyright
Patricia Tagle de Rokha.

Cover painting
by Patricia Tagle de Rokha.

Translations copyright 2019,
Jessica Sequeira.

ISBN 9781916012141

Smokestack Books
is represented
by Inpress Ltd

Índice

Prólogo: La lógica del sueño	10
Cronología	15
Elegía en el viento de julio	18
Planeta sin rumbo	20
Huan Li T'ou	22
Domingo Sanderson	32
El ídolo	36
Cadena de verbos	42
Frente popular en 1937	60
Escenario	62
Canción de títeres	64
Luna de viento y noche	66
Araucanía	70
Lenguaje sin palabras	72
Gotera de dulce diamante	86
Madres contra el fascismo	88
Monita de palo	90
Construcción de abril	92
El sueño de las algas	96
Los viajeros maravillosos	98
Sinfonía del instinto	102
La aurora ciega	150

Table of Contents

Prologue: Dream Logic	10
Chronology	15
Elegy in the July Wind	19
Planet Adrift	21
Huan Li T'ou	23
Domingo Sanderson	33
The Idol	37
Chain of Verbs	43
Popular Front in 1937	61
Stage	63
Song of the Puppets	65
Moon of Wind and Night	67
Araucanía	71
Language Without Words	73
Drip of Sweet Diamond	87
Mothers Against Fascism	89
Monita de Palo	91
Construction of April	93
The Dream of the Algae	97
The Marvellous Travellers	99
Symphony of Instinct	103
The Blind Dawn	151

Prologue: Dream Logic

Can one part of the mind stay awake, while another dreams? How do daytime impressions filter and condense into meaning? What is the link between the consciousness and unconsciousness at the personal and collective levels? Oneiromancy, the study of dreams, asks questions about the sleeping mind and its layered meanings; rigorous scientific technique is applied to abstract and nebulous material. Such a study has a partly practical purpose, as the hidden stuff of the mind is valuable in creating prophecies for the future about the essence of the individual and about history.

A long, rich tradition of dream interpretation stretches from the Greeks to the Indians, from mystic Jewish Kabbalah to the books of the Qu'ran. But beyond the great systems, many individual forays have also been made into dream science, to build up a powerful personal arsenal of symbols. The work of Chilean poet Winétt de Rokha is a marvellous example.

Winétt wrote several books of poetry in her life, but today she is still best known for being the wife of Pablo de Rokha, one of the 'big four' in Chile along with Neruda, Huidobro and Mistral. Winétt met Pablo after she wrote him a letter to say that she liked his work, and he fell so deeply in love with her words that he came to Santiago to ask for her hand. Her father refused, but Pablo persisted in his affections, and even challenged him to a duel. Impressed, her father let him marry the girl.

In addition to being a mother of nine children and an active co-director of the anti-fascist publishing house Multitud, Winétt wrote four collections of poetry. Her work includes a variety of registers, from more straightforward poems in a feminine voice, to political poems, to cryptic surrealist poems. *Oniromancia* [Oneiromancy], her penultimate book of poems before the modernist volume *El valle pierde su atmósfera* [The Valley Loses Its Atmosphere], is highly visual and dreamlike, as its name would suggest. In it Winétt builds a personal mythology with a lush linguistic palette and restless imagination.

Many of Winétt's poems take on political and specifically Chilean themes, with references to the Araucanía region in the south where the Mapuche people had a long history of struggle against the Spanish colonisers – and later the Chilean government – along with invocations of the copihue (Chilean bellflower), the Spanish Civil War, the Russian Revolution and the Popular Front as a response to the worldwide tide of fascism. 'In the wheat fields of democracy/the copihue of heroism burns and the victorious beating of American drums can be heard,/let's rise up with the heroism of the crowds/mingled with the shouts of those hungry for liberty,/before the treacherous presence of the fascists,' comes the rousing cry.

Even this poem, however, Winétt refers back to her self as a mother, and in later poems the 'I' seduced by 'children by the bucketful' and a 'simple healthy home, flowering with pure herbs and larks' must contend with not only a dark political situation, but also the obscure moments of domestic life, her struggling emotions finding expression in a transfigured, glimmering language sieved out of dream.

Oneiromancy is a short book of poems, and not necessarily a happy one. A great deal of pain is compressed into its pages. In fact, at times it is almost unbearably difficult to read and translate; part of the 'true story' behind the text, so far as it matters, is the affair of Winétt's husband Pablo with a beautiful Ecuadorian woman visiting Chile. This affair seems to have affected her with particular intensity, and the observation and aftermath bear their influence on its pages.

In a sense, this is a book that attempts to understand what has happened, in language that while not entirely cryptic, does obscure the event. Perhaps one can think of Winétt's poems as an act of conservation, fragments of present emotion outlining a dream of happiness that had not yet come, either for her personally or for the society in which she lived. In the publications for the literary journal she co-wrote with Pablo, also called *Multitud*, the two opined on current events and looked for patterns and progress in history; Winétt's attempts at divination and interpretation form part of the same search for happiness, one that can be both personal and collective.

This utopian dream of happiness is what Winétt's granddaughter and a small but passionate band of others are trying to discover today. The de Rokha Foundation, on Holanda Street in the Santiago neighborhood of Providencia, makes its home in a house with a large front grille, across the street from a gas station. Over the last few years, since I began this translation, the foundation has been under constant construction, in permanent creative flux, undergoing renovations from the development of its library to the opening of a downstairs gallery space to exhibit artwork.

Patricia Tagle, the one who runs it, is an energetic woman with bouncy curls and an enormous smile. Like so many of the de Rokhas, she is an artist, with a fully de Rokhian spirit. Her paintings, based in intuition, are a swirl of vibrant colours; a wonderful example can be found on the cover of this book. When Winétt showed me the work of another one de Rokha child, beautiful and elaborate puppets with round white faces wearing soft costumes covered in adornments, I recognised a similar aesthetic of soft playfulness, a love for fantasy and invention that runs in the family.

Winétt's poems are influenced by Chilean folktales she heard as a child and stories of other landscapes, and her poems feature the figures of Huan Li T'ou, Eglantina and Monita de Palo. This last romance has several versions in Chile and Argentina, but here is one of them: A king falls in love with his daughter María and wants to marry her. She does not wish to, and so gives him a few seemingly impossible requests. First she asks him to make her a dress with all the stars in the sky. Then she asks for a bunch of singing goldfinches. In league with the devil, he is able to make good on all of these demands. Desperate, María orders a monkey suit made, and escapes wearing it. She is found by a nice young man who takes her to his mother's house. The 'monkey' helps around the house, and in secret goes to church in the dress covered with stars, along with a flock of goldfinches. There, the young man falls in love with her. Eventually it is revealed that the monkey is María, and she and the young man get married with a party that lasts for days.

Perhaps Winétt turned to myth as an alternative to the fact-seeking of her Irish grandfather Domingo Sanderson, who dedicated himself to erudite subjects of the Enlightenment and Counter Enlightenment. Fascinating as these topics are, buried in his yellow papers of the occult, he forgot how to live. Winétt rebelled, though not entirely. Like her grandfather she was on a quest, and believed that some occult meaning exists beyond the surface of things.

Winétt wrote *Oneiromancy* at home in 1942. The same year that she published it, her husband Pablo published his *Morfología del espanto* [Morphology of Fright]. The hidden dialogue between their works was another occult element, the works of the two writers in constant conversation, building up their own private world of mutual reference; the two bodies of poetic work are in direct dialogue. A recording exists of Winétt reading at the Library of Congress in Washington DC. His voice is deep, hers is rich and deep, her tone assured. What most draws the attention is how similar the cadence of the couple is.

The second essay of Pablo's book 'Lengua y sollozo' [Language and Cry] begins this way: 'Overcoming errors and afflictions, Winétt with her worldly accent makes possible the great tragic and sublimely heroic magic of art, with which man constructs the anxiety and unity conceptualised by Cervantes, Job or Aeschylus, and links what is antagonistic.' After Winétt died, her distraught husband included touching sections in his works *Fuego negro* [Black Fire] and *Acero de invierno* [Winter Steel] that speak of how important she was for him, not just in raising their children but also as a kind of symbol for everything that they had worked towards together. He never truly recuperated from her death.

Winétt's subtle and imaginative scenes move between inner worlds and social life, and take on big themes like the meaning and shape of history in a delicate and personal style. Her visionary landscapes, even if they are set against a tumultuous social backdrop, operate in a different register than the combative style of her husband's directly political poetry. Winétt's work, which we are proud to present here, demonstrates that she transcends the role of muse and feminine support to which she has been relegated, and that she deserves the full attention of scholars and translators, along with those who read in search of beauty.

Jessica Sequeira
Santiago, 2019

Chronology

1894
Winétt de Rokha (Luisa Victoria Anabalón Sanderson) is born on 7 July to Indalecio Anábalón Urzúa, a colonel in the Chilean army, and Luisa Sanderson Mardones, a prominent lady in society.

1914
Winétt's first verses, dedicated to Saint Francis of Assisi, are published in the magazine *Zig-Zag*. After reading them, Pablo de Rokha, a poet from Licantén in the south of Chile, comes to Santiago in search of their author.

1915
At 21 years old, Winétt publishes her first two books: *Horas de sol* [Hours of Sun] and *Lo que me dijo el silencio* [What the Silence Told Me], both signed with the pseudonym Juana Inés de la Cruz.

1916
Winétt marries Pablo de Rokha and adopts his surname.

1917
Winétt's poems are included in the anthology of poems *Selva lírica* [Lyric Forest].

1927
Winétt publishes the long poem *Formas del sueño* [Forms of Dream].

1936
Winétt publishes 'Lenin', dedicated to the Russian politican. The same year she publishes *Cantoral*, with a drawing on the cover by Pedro Olmos.

1939
Winétt and Pablo de Rokha found the publishing project *Multitud*, which prints magazines and books on and off until 1963. Its motto

is 'Por el pan, la paz y la libertad del mundo' ['For the bread, peace and freedom of the world'].

1942
Winétt and Pablo begin a cultural tour which takes them to 19 countries in the Americas, including Mexico and the United States.

1943
Winétt publishes *Oniromancia* [Oneiromancy] with a drawing on the cover by Lukó de Rokha and a prologue by Pablo de Rokha.

1949
Winétt's collection *El valle pierde su atmósfera* [The Valley Loses Its Atmosphere] is published within Pablo de Rokha's book *Arenga sobre el arte* [Tirade on Art].

1951
Winétt de Rokha dies of cancer on 7 August. The same year, an anthology of her work called *Suma y destino* [Sum and Destiny] is published, which includes poems from *Cantoral*, *Oniromancia*, *El valle pierde su atmósfera* and the unpublished collection *Los sellos arcanos* [The Arcane Seals].

1953
Pablo de Rokha publishes *Fuego negro* [Black Fire], a prose poem in Winétt's memory.

Elegía en el viento de julio

Cerrad las ventanas, es el viento y su cola encendida,
es el viento cóncavo del huracán repleto;
el cristal no lo contiene,
arrasa corolas, andamiajes, cielos, zapatillas de raso,
nudos secretos de inmolación rebelde,
todo rodando, envuelto, de costillas, despedazado.

Pero tu cara de ídolo en piedra permanece.
Los huesos transitorios de tus manos,
tu pecho donde sólo las mariposas hacen nido,
tus ojos que al mirar no pudieron mirarme.

Arrodillada, imposible,
como un vaso de arroz derramado en el tiempo,
atada a un barco inmóvil
con alas invisibles de un extraño terror.

Nunca fui yo la cadena y la nube,
acaso, hubiera roto la raíz del lucero,
estallando la sombra fatal del torrente en camino.

Elegy in the July wind

Close the windows, it's the wind and its burning tail,
it's the concave wind of the full hurricane;
the glass doesn't contain it,
it sweeps up petals, scaffolding, skies, house slippers,
secret knots of rebel immolation,
everything whirling, surrounded, gutted, pulled apart.

But your face of an idol in stone remains.
The transitory bones of your hands,
your chest where only butterflies make a nest,
your eyes that when looking could not look at me.

Kneeling down, impossible,
like a glass of rice spilled out in time,
tied to an unmoving ship
with invisible wings of strange terror.

I was never the chain and the cloud,
perhaps I'd have broken the base of the bright star,
unleashing the fatal shadow of a torrent on the way.

Planeta sin rumbo

¿Quién se ha detenido a mis espaldas?
Alguien apagó la sombra,
una voz me encierra, cerrándome las puertas, cruzándome,
una mueca de cera viene desde muy lejos, desdoblándose.

En el horror de Dios, un pájaro perfila un grito.

La noche es blanca y muerta, la luna, ¿había que decirlo?
sin embargo es negro el reloj e implacable.

Sentimientos proyectados;
¿en dónde está la cabeza del sueño, que no tiene cabeza,
ni pies, ni ojos, ni manos y existe?

Mi cuerpo tendido entre cielo y mundo
se eleva, se resiste, se retrata disgregándose, entre verdes
      peces alados que ya no tocarán la tierra.

Yo soy mi sombra.

Construyo innumerables ilusiones fosforescentes
con palabras que salieron destruídas al amasarse,
(habría que contar una historia) pero, todas las historias son historias,
y, por lo tanto, engaño.

Hacia la distancia,
¿quién se reconoce en el ayer?

Vehemencia, vehemencia, eres el espejo de lo que YA NO ES,
te borro de mi misma y te envuelvo con fuego,
rechazándote, como niña de rosa en tiempos dolorosos,
de contienda sangrienta.

Planet Adrift

Who has stopped behind me?
Someone has covered my shadow,
a voice shuts me in, closing doors on me, cutting me off,
a wax grimace comes from very far away, doubling itself.

Out of horror of God, a bird draws forth a cry.

The night is white and dead, the moon, do I have to say it?
but the clock is black and relentless.

Projected sentiments;
where is the head of the dream that has no head,
nor feet, nor eyes, nor hands yet exists?

My body stretched between sky and world
rises up, resists, draws back disintegrating, between green
       flying fish that will never again touch the earth.

I am my shadow.

I construct countless phosphorescent illusions
with words that were destroyed when they massed,
(I'd have to tell a story) but all stories are stories,
and thus deception.

Towards the distance,
who recognizes oneself in yesterday?

Vehemence, vehemence, you are the mirror of what NO LONGER IS,
I erase you from my being and wrap myself in fire,
rejecting you like a rosy girl in painful times,
of bloody dispute.

Huan Li T'ou

Su forma era la de una mujer que huía, pero la de una mujer
quien hubiesen cortado los brazos a la altura del hombro.

Porque Eglantina no tenía brazos,
ellos, le habrían pesado demasiado;
mientras que así: frágil, elevada,
estatua de sangre y de tiniebla
penetraba por la ventana azul del sueño.

Alba arrodillada y misteriosa
sobre mármoles negros o blancos o confusos
emetía sonidos guturales y lentos
en lentitud de sombra y pensamientos que no se revelan.

¡Cómo era en esos momentos simples
un ovillo traslúcido, esponjado,
desenrollándose hasta las estrellas!

El altar con sus oros y sus encajes,
la copa de sangre detenida en el viento mañanero
desde donde volaba un espíritu celeste en forma de deseo:
el ovillo se estremecía, atrapaba algo dulce,
algo que corría por sus venas animadas
dentro del cuadro pálido de su cuerpo
sin gravitación y sin cadenas.

Huan Li T'ou

Her form was that of a woman fleeing, but a woman
whose arms were cut off at the shoulder.

For Eglantina had no arms,
they would have weighed too much
while she was this way: fragile, raised up,
statue of blood and shadow,
penetrating the blue window of dream.

At daybreak kneeling down and mysterious
on black or white or swirled marble
she let out slow guttural sounds
in the slowness of shadow and thoughts that remain concealed.

How she was in those simple moments,
a translucent ball, fluffed up,
unravelling towards the stars!

The altar with its gold and lace,
the cup of blood halted in the morning wind
from which flew a sky-blue spirit in the form of desire:
the ball trembled, having trapped something sweet,
something that ran through its lively veins
in the pale frame of its body,
without gravity and without chains.

Hora de adoración y de fuga, después
Eglantina cruzaba erguida y sonámbula
el ámbito frío,
arrodillada de nuevo, inclinada,
sus labios resecos y temblorosos besaban la tierra.

La calle con su cielo, su agua y su vaivén
era una continuación prolongándose cuadras y cuadras.

A su paso alguien decía: '¿de dónde vienes?'
ella sonríe: '¿acaso lo sé?',
las gentes movían la cabeza de Norte a Sur
y se volvían para mirarla una vez más.

Ventana tan pequeña la de su cuarto
pero llena de un techo y un poste del teléfono;
¡cómo daba brincos menudos de golondrina!
tan pronto ardía sobre el árido tejado oscuro
como se azotaba frágil
contra el solitario guardián de la noche
y las palabras emigrantes.

Dos golpes a la puerta y Eglantina asustada
se arropaba con la claridad espantosa del día.

El arco iris había cruzado el mundo,
los ecos absortos de la montaña amortajada
enviaban su mensaje oportuno
envuelto en magia y muda leyenda
con autorización municipal.

Hour of devotion and flight,
Eglantina then crossed, upright and sleepwalking,
the cold premises,
kneeled again, bending over,
and with parched and trembling lips kissed the earth.

The street with its sky, its water and its swaying
stretched on continuously for block after block.

On her way someone said: 'Where do you come from?'
she smiled: 'I might know',
the people moved their heads North to South
and turned to look at her again.

Such a small window in her room
yet filled with a roof and telephone pole;
how she gave little hops like a swallow!
as soon as it burned over the dark dry roof
how she whipped herself fragile
against the solitary guardian of the night
and the emigrant words.

Two knocks at the door and frightened Eglantina
covered herself with the awful clarity of day.

The rainbow had crossed the world,
the absorbed echos of the shrouded mountain
sent their timely message
wrapped in magic and mute legend
with municipal authorization.

Se elevaba sobre la mesita de noche
un jarro de leche de aurora y un pan moreno,
a veces unas uvas negras, redondas, como mundos diminutos
donde se copiaba la pupila del gato o el reverso de la medalla
que ahorcaba su garganta pura.

Los largos días sin complicaciones:
linos bordados,
cebollas y lechugas, nueces y betarragas,
botellas estrelladas de líquidos estallantes,
maniobras de gentes automáticas
que decían SÍ, que decían NO, cubriéndose
de una estúpida, escalofriante costumbre en la mirada.

Anocheciendo una instancia acumulada de angustia,
un clima oscuro contra la muerte,
se deslizaban desde los planos falsos del día.

Eglantina encendía lirios y que son cirios
y apagaba cirios que son lirios.

Aparecía de pronto el fantasma de gris contorno
y mirada sin ojos;
en los dedos anillos y símbolos
– verde zumo de algas y locura –.

El sonoro plumaje de algún gallo despierto
por tejados abrumados de estrellas,
hormigas voladoras con su rojo esqueleto
prendido al paracaídas flamante de sus alas.

On the night table there stood
a pitcher of early morning milk and dark bread,
sometimes a few black grapes, round, like tiny worlds
where the pupil of the cat was copied or the obverse of the medal
that strangled its pure throat.

The long days without complications:
embroidered linens,
onions and lettuces, nuts and beetroots,
shattered bottles of explosive liquids,
manoeuvres of automatic people
who said YES, who said NO, covering themselves
with stupid, chilling habit in their look.

As night fell, an accumulated moment of anguish,
a dark climate against death
slipped from the false planes of day.

Eglantina lit lilies that were candles
and put out candles that were lilies.

At once there appeared the ghost with a grey outline
and a gaze without eyes;
on its fingers were rings and symbols
– green juice of algae and madness –.

The sonorous plumage of some awake rooster
next to roofs weighed down with stars,
flying ants with his red skeleton
fastened to the burning parachutes of their wings.

Negro y amarillo terror la auscultaba,
ella naufragaba en tierras o aguas fosforescentes,
de espaldas como las hojas de las palmeras
        ansiosas del desierto.

Deshojando el calendario de los días
– felicidad o dolor –
era un arpegio que se trepaba
por los ángulos agudos del tiempo.

El espejo entregaba su figura:
primero los ojos, pero... ¿eran esos sus ojos?
después las piernas – espirales de humo –
pero... ¿eran esas, acaso, sus piernas?
Aquellas piernas luminosas dividiendo la sombra,
pesadas como la aurora que ilumina un cadáver.

Siete velos cubrían a Eglantina y sus senos floridos
sin copa o mano desbordaba hacia abajo.

Lo oscuro profundo, lo imperativo,
el demonio enrollado en la seda de sus venas,
en el temblor de sus cabellos negros olor a trueno,
a cascada imprudente, a jazmín pisoteado
a la luz de la luna, la hacían castañear los dientes.

Si hubiese tenido brazos
habría encendido las lenguas de fuego que caían sobre su lecho,
pero no los tenía,
ni aun para esta hora de lucha y terror invencible.

Ah! si a intervalos aquella estrella distante
con su ojo único viniera a encenderla!

Black and yellow terror sounding her out,
she shipwrecked in lands or phosphorescent waters,
back turned like the leaves of palm trees
        longing for the desert.

Pulling pages off the calendar of days
– happiness or pain –
was an arpeggio that climbed
up the sharp angles of time.

The mirror surrendered her figure:
first the eyes, but... were those her eyes?
then the legs – spirals of smoke –
but... could those be her legs?
Those luminous legs dividing the shadow,
heavy as the dawn that illuminates a corpse.

Seven veils covered Eglantina and her flowery breast
without cup or hand flowing downwards.

The deep darkness, the imperative,
the demon caught in the silk of her veins,
in the tremor of her black hair that smelled of thunder,
of imprudent cascade, of jasmine trampled
in the light of the moon, made her teeth chatter.

If she'd possessed arms
she would have lit the tongues of fire that fell on her bed,
but she didn't have them,
not even for that hour of battle and invincible terror.

Ah! if at intervals that distant star
with its single eye came to inflame her!

Recordaba, sin saber por qué,
su sombrerito de terciopelo verde con ala de cisne joven,
su cinturón con hebilla de caucho,
su vestido con vuelos y esas botas altas
esas que tenían treinta botones que nadie había de contar.

Años perdidos con sus colgajos de hojalata maldita,
años AMARILLOS Y NEGROS, contrapesándose,
estremeciéndose desde el Oriente y su sabiduría.

Esa noche, igual a otras noches,
cayeron los siete velos del cuerpo desnudo de Eglantina.

Había un rumor de silencio,
de navajas ocultas,
había un largo oscuro color de sangre envejecida,
sangre que se extendía hasta los guardapolvos.

Las arañas tejieron un sudario.

Y un pie de mármol
quedó fijado entre mantas ardientes.

She remembered, without knowing why,
her little green velvet hat with its feather of a young swan,
her belt with its rubber buckle,
her dress with flounces and those high boots
with thirty buttons that no one had to count.

Years lost with her flaps of cursed tinplate,
YELLOW AND BLACK years weighing against her,
trembling from the East and its knowledge.

That night, like other nights,
seven veils fell from Eglantina's naked body.

There was a murmur of silence,
of hidden knives,
there was a long darkness the colour of old blood,
blood that spread towards the awnings.

The spiders wove a shroud.

And a marble foot
stayed unmoving between burning blankets.

Domingo Sanderson

Cierro los ojos anticipándome a lo definitivo,
      y la ventana del tiempo se disgrega,
vienen ellos y ellas, tú y yo, nuestros hijos, y vosotros todos,
se ha vivido el destino y la forma: marfiles, corales, ébanos y estrellas.

Inútil añoranza, inútil afán de insecto laborioso y alas de agua,
vidas que se precipitan del cerebro al mar y del mar al cerebro,
allí estáis vosotros, aquí estamos, allí estaréis vosotras un largo año.

Como el viejo Domingo Sánderson, mi abuelo,
      en la cuadrada plaza de provincia,
soleada plaza con pesados árboles y pájaros municipales,
soledad y polvo, en las carreteras, en las puertas,
      en los campanarios,
soledad y polvo en las almas de los muebles y los tristes,
mirando cómo emigran los murciélagos que traen tiempo y miedo.

Porque una vez, entre siglo y siglo,
vivió y murió entre libros y sueños, entre libros y espanto,
entre libros y brujería, y demonio y sacrilegio,
en el cual Voltaire, enfundado en una roja capa muerta,
miraba enjuto y pálido, lleno de ángulos y fosforescencia prohibida,
– libros y sueños, libros y libros – maldición y conjuro.

Domingo Sanderson

I close my eyes anticipating what is final
        and the window of time disintegrates,
all of them come, you and I, our children, and all of you,
destiny and form have been lived: marbles, corals, ebonies and stars.

Useless longing, useless effort of a laborious insect and watery wings,
lives that plunge from brain to sea and sea to brain,
there you all are, here we are, there you will be a long year.

Like old Domingo Sanderson, my grandfather,
        in the square plaza of the province,
sunny plaza with heavy trees and city birds,
solitude and dust on the highways, at the doors,
        in the bell towers,
solitude and dust in the souls of furniture and the sad,
watching the migrating bats that bring time and fear.

Because once, between century and century,
he lived and died between books and dreams, between books and fear,
between books and witchcraft, and devilry and sacrilege,
in which Voltaire, sheathed in a dead red cape
watched, cadaverous and pale, full of angles and forbidden phosphorescence,
– books and dreams, books and books – curses and spells.

Hijos, voluntades dispersas, enfermizas,
        criaturas de dolor y de rencor,
ajenas, esporádicas criaturas con un nombre
        en el extremo de las uñas.

Tres o cuatro fechas y en la memoria de algunas estampas,
        una visión equívoca,
eso, de Domingo Sanderson, el políglota,
libros y libros a la espalda, con ellos de casa en casa,
        libros y libros y libros,
con ellos de pensión en pensión, encajonados, llovidos,
rodando, acumulados como piedras de piedra,
dolor y cansancio y libros, escrituras y escrituras en caligrafía
        de dolor y sueños.

Setenta y anchos cuatro años sobre la irrealidad,
setenta y anchos cuatro años de combate sin combate,
        de duda;
LOS SUYOS, maldicen el cadáver;
los libros amontonados no hablan,
los libros deshojados como castaños, son quemados,
y el cuerpo solo, marmóreo, inmutable,
        desciende solo y sin libros,
solo, absolutamente solo, inútilmente solo,
con el abecedario entre los dientes.

Abro los brazos estrechando lo inútil incomensurable:
mitos, libros, ríos, libros, desengaños, libros, libros, libros,
tú y yo entre los doscientos crepúsculos...

Children, dispersed wills, sickly ones,
	creatures of pain and resentment,
outside us, occasional creatures with a name
	on the tip of the nails.

Three or four dates and the memory of some holy cards,
	a mistaken vision,
that of Domingo Sanderson, polyglot,
books and books behind him, hauled from house to house,
	books and books and books,
taken from pension to pension, in boxes, raining down,
circling, piled up like stone upon stone,
pain and fatigue and books, writing and more writing in the
	script of pain and dreams.

Seventy or more years of irreality,
seventy or more years of combat without combat, of doubt;
YOURS, they curse the corpse;
the piled-up books do not speak,
the books cracked open like chestnuts are burnt,
and the body, lonely, marble, immutable,
	descends alone and without books,
alone, absolutely alone, uselessly alone,
with the alphabet between its teeth.

I open my arms embracing the useless immensity;
myths, books, rivers, books, disillusions, books, books, books,
you and I amidst two hundred twilights...

El ídolo

Ese viento que arrebata con su arrastre vertiginoso
de ladridos y arenas y lágrimas,
siempre llegaba – amigo de las tinieblas y el terror –
combatiendo la desgarrada inconsciencia de mi alma.

Entonces ya te veía traslúcido, flamígero, impar;
traslúcido, dentro de esas copas de cristal altas y sonoras
donde la canción del vino y de la fiesta repercuten;
flamígero, allá en la montaña altisonante,
ufano del grito de los zorros salvajes,
traspasado de helechos frescos y vivos entre la sombra,
sin miedo;
impar y peligroso,
con presencia sin academia y sin reparos,
llenando ese ámbito cuotidiano y familiar
que rodea siempre la pregunta.

Acida, huracanada, ajena de plantas
o racimos de uva calcinadas,
extendiendo mi cabello negro, ilusorio,
ofrecido en bandeja de plata,
superponiendo galas de lirismo,
con perfume de terracota mojada,
evocando tragedias de héroes
o besos de vírgenes inmoladas al sol
todo, tierra y cielo, sangre, perdón, dolor,
todo, pulverizado a tus pies.

The Idol

That wind that blasts through with its dizzying sweep
of barking and sand and tears,
always arrived – friend of shadows and terror –
fighting the torn ignorance of my soul.

Then I saw you, translucent, flamboyant, unique;
translucent, inside those tall resonant glasses
where the song of wine and festivity echo;
flamboyant, there in the high-flown mountain,
smug with the cry of wild foxes,
pierced through with fresh and living ferns amidst shadow,
without fear;
unique and dangerous,
with presence, without society and without qualms,
filling that daily and familiar world
that always circles the question.

Harsh, whirlwind, alien to plants
or bunches of scorched grapes,
lengthening my black hair, illusory,
offered on a silver platter,
layering elegancies of lyricism
with the fragrance of wet terracotta,
evoking tragedies of heroes
or kisses of virgins sacrificed in the sun;
everything, earth and sky, blood, forgiveness, pain,
everything crushed at your feet.

Tus venas salobres y su germen azulino y febril,
ese cuenco profundo, opaco, de mirada vacía
donde descansaba esa postrera lámpara que ya no ilumina,
y esas nuevas y unilaterales corrientes, todo emanando
      de tus dedos.

Las horas espasmódicas de potencia verde,
horas inconexas que traducían canciones,
varias canciones con intermitencia de pulso
y viento rubio de cráneo en la mesa del cirujano.

Sólo el círculo flamante
y el verbo desflecado
hacían de mí alondra.

Pequeñas carreras a la luz de la luna
que ponían ángulos
y que soplaban fuerte y parco dictamen.

Oh, tu alma ilimítrofe
estrellada de videncia y porfía
rayando el hierático y azul pulmón del infinito.

Hecha un montón de huesos quebradizos,
ovillada, desleída en humos trashumantes,
consumiéndome en espirales.

El tiempo es una adormidera gigante,
los ojos, las manos, el alma hurgan aquel dolor,
se actúa en frío,
los dientes no rechinan,
el sudor mortal ya no invade nuestra órbita,
las plantas de los pies no vacilan,
ya no nos arrasa la tormentosa tortura del hecho.

Your salty veins and your feverish bluish seed,
that deep opaque hollow with an empty gaze
where that final lamp rested that no longer glows,
those new one-way currents, everything coming
        from your fingers.

Spasmodic hours of green potency,
disjointed hours that translated songs,
various songs with the intermittence of a pulse
and the blonde wind of a skull, on the surgeon's table.

Only the brand-new circle
and the frayed verb
made a lark of me.

Little races in the moonlight
that formed angles
and blew out hard spare judgement.

Oh, your soul without limits
starry with foresight and stubbornness
bordering the inscrutable blue lung of the infinite.

I am made a heap of brittle bones,
piled up, dissolved in migratory smoke,
consuming myself in spirals.

Time is a giant poppy,
the eyes, hands, soul delve into that pain;
one acts coldly,
the teeth do not gnash,
mortal sweat no longer enters our orbit,
the soles of the feet do not hesitate,
the stormy torture of the fact does not destroy us anymore.

¿Qué pedestal de arena movediza
sostenía tu originario y desolado cuerpo desnudo?

Porque bajo mis párpados
la arenilla confusa me ciega,
de mi lo humano huye,
soy sombra de algo distante y distinto,
la aguda y única redoma
donde dan vueltas, azotándose,
los últimos peces animados de mi fantasía.

What pedestal of quicksand
held up your primal and desolate naked body?

Because under my eyelids
the hazy grit blinds me,
what is human flees,
I am a shadow of something distant and different,
the observant and singular pond
where the final vibrant fishes of my fantasy
do turns, lashing themselves.

Cadena de verbos

Ventana desteñida, acuaria,
y un cortinaje como muchas frutas exprimidos
        como vino nuevo:
redondo, alegre, rural, el jarrón de greda quemada,
oliendo a barros amasados y a mano de campesina;
se quiebra la luz sobre el vientre del día,
y, como cabellos nacidos,
los clarines gotean su líquido multicolor
en la atmósfera plácida.
Una mano, mi mano, separa las cretonas
y mira por la vidriera azul.

Abrazando el río,
enterré la mirada entre las algas de la orilla,
reventada de flores y azules memories.
Todo gira, en ese vaivén de barco o nube o pensamiento,
porque crío en el alma esa transparencia
que tienen las ideas del mar, los ríos y las lágrimas.

Una honda se floreció en piedrecillas,
fue un pinchazo de luz,
que se abrigó en la superficie violeta y violenta,
enormes pájaros amarraron mi pensamiento,
arriba, triángulos y circunferencias,
la ruta, a pesar de todo el avance recto de bala, de amor,
        de desarrollo,
era una sola e interminable lengua de acero.

Chain of Verbs

Faded aquatic window
and drapery like many fruits squeezed
       as new wine:
round, happy, rural, the vase of burnt clay
smelling of kneaded mud and the hand of the peasant;
light breaks on the belly of day,
and, like newborn hair,
bugles drip their many-coloured liquid
into the calm atmosphere.
A hand, my hand, pulls aside the cretonne
and looks through blue glass.

Embracing the river,
I bury my gaze amidst the algae of the shore
bursting with flowers and blue memories.
Everything turns, in that sway of a boat or cloud or thought,
because I cultivate in my soul that transparency
found in ideas of the sea, rivers and tears.

A slingshot blossomed in little stones,
it was a prick of light
sheltered in the violet and violent surface,
enormous birds moored my thought,
above, triangles and circumferences,
the route, despite everything
the straight forward motion of the bullet, of love,
       of development,
was a single and endless blaze of steel.

Tu pelo es negro como el fruto de la zarzamora,
brilla y se quiebra en un azul tempestuoso,
y tu frente levanta su ojo y mira con imperio escrita de rutas,
sobre tus ojos – esmeralda en un vaso de fuego –
  cambiantes, acosadores,
frente a dientes implacables de león que sonríe.

Pueblo húmedo, pueblo fragante a acacias y a cardenales,
sobre sus graves espaldas un siglo descansa y se distiende.

Está su falda enflaquecida y remendada siempre,
para la niña de los cantaritos,
y va por el poema: '¡A treinta, a treinta!'
al levantar las manos, rojizas de sol de Otoño
ilumina la tarde.
Se ha cubierto de flores secas.
Van y vienen hombres del mundo,
circulan los espectros humanos,
sobajean la mercancía,
estrujan gestos de moneda falsa,
aprietan la ansiedad del dinero.
¿Para qué tantos días iguales
como piedra de camino de negro?
'¡A treinta, a treinta!'
Para comer pan ácido hay que sufrir como la greda del cántaro.
Cierra el día su mirada de terciopelo,
sobre las colinas de la oración católica,
y ella, la niña de los últimos hombres,
se va abrazando sus palomas de tierra dulce y triste.

Puente de curva floja hasta la orilla de la muerte,
en cuyo fondo hay agua cenagosa y verde,
agua con clamor de pedrería.

Your hair is black like the fruit of the blackberry,
it gleams and tosses in a stormy blue,
and your face raises up and looks with empire written on roads,
over your eyes – emerald in a vessel of fire –
    changeable, harassing,
is a face with the merciless teeth of a smiling lion.

Damp town, town fragrant with acacias and cardinals,
on your sombre back a century rests and stretches.

There is the worn-out and always mended skirt
of the girl with the little pitchers,
who walks to the poem: 'To thirty, to thirty!',
when she raises her hands, reddish from the autumn sun,
she illuminates the afternoon.
It's covered with dried flowers.
Men of the world come and go,
human ghosts move about,
handle the merchandise,
wring gestures from false coins,
squeeze the anxiety from money.
Why are so many days the same,
like the stones of a black path?
'To thirty, to thirty!'
To eat sour bread one must suffer like the clay of the pitcher.
The day closes its velvet gaze
over the hills of Catholic prayer
and she, the child of the last men,
goes hugging her doves of sweet sad earth.

Bridge with a light curve towards the shore of death,
in whose depth is swampy green water,
with the cry of gemstones.

Me sobrecoje el metal líquido,
y el ademán conocido, que entrega el río amarillo.
Como bostezos se abren deseos y penas al camino.
Concierto azul, agitan las campanas,
su vuelo es maternal y desvelado, lleno de las últimas naranjas,
y el corazón de los ilimitados, entre los navíos se ensancha inmensamente.

Vida de pueblo enmohecido y colonial
católicos y obtusos hombres de costumbres surcidas
        como iglesia de aldea,
hombres que hablan de acontecimientos del otro mundo,
de familias sin memoria,
el de más acá murmura, y está muerto,
el de más allá humilla al infeliz aldeano de piedra,
y todos beben vino bíblico con malicia y sueño.

Caminos, potreros, colinas, auroras,
tierras que suben por el río, plantíos maduros,
más tierras desesperadas ¡tanta tierra!
y tantos pobres, tan pobres: Juan, José, Amelia.
Juan se expande solo, cabalgando,
uno que otro pájaro cae al estampido de su escopeta.

Miro a los lejos tu traje negro y gastado,
miro tus corbatas de nudos graves,
esas corbatas que piensan cosas de acuerdo con tu alma.

Ayer fui triste como hoja cóncava y tiniebla,
pero hoy mi tristeza se parte en dos mitades,
aterrada y confusa, abro mi corazón hacia el mar hirviente
y luego cierro los ojos para ver a la distancia.

The metal liquid overwhelms me,
as does the known gesture, which the yellow sea surrenders.
Like yawns, desire and sorrow open up on the road.
Blue concert, the bells stir,
their flight maternal and sleepless, full of the last oranges,
and the heart of the limitless ones widens immensely between ships.

Life in a mouldy colonial town,
Catholics and blunt men with patched habits
		like the village church,
men who speak of events from another world,
of families without memory,
what is here murmurs and is dead,
what is beyond humiliates the unhappy villager of stone,
and all drink Biblical wine with malice and sleepiness.

Roads, pastures, hills, dawns,
lands that rise along the river, mature plantations,
more desperate lands, so much land!
and so many poor, so poor: Juan, José, Amelia.
Juan stretches out alone, riding,
and one bird after another falls at the boom of his shotgun.

I look from afar at your black and worn suit,
I look at your ties with serious knots,
those ties that think things that agree with your soul.

Yesterday I was sad like concave leaf and shadow,
but today my sadness divides in two,
terrified and confused, I open my heart towards the scalding sea
and then close my eyes to see into the distance.

Rosarito, has venido a verme,
con tus ojillos de laucha regocijada de ser laucha,
y tu voz sumisa, bajita, esclavizada;
el sombrío ramaje de tus pestañas me abanica,
y de nuevo tu voz me hiere al quebrarse en quejidos
y deshecha, entre papeles amarillos sin importancia.

Cómo maltratan tu destino
tiznados menesteres domésticos:
lavar, bordar, cocinar...
'Aún quedan dos pétalos de crisantemo
que esponjar sobre el terciopelo,' dices,
y el terciopelo afligido, se arruga entre tus manos,
y se salpica de sombras tu delantal
con los sollozos de las golondrinas de Bécquer.

Ya el sol subió más arriba del ventanuco del granero,
lo ha sentido el abuelo Faustino,
y hace más de veinte gorjeos del canario.

Los carbones blanquean, como la historia del mundo,
el lino se acurruca en mi regazo,
los ojos que escuchan y las manos que piensan.

La oración que nunca termina,
¡Dios mío! tan larga la noche, tan larga y rugiente entre las casas,
¡Señor de los Ejércitos!

Los jinetes oscuros del viento
hacen vibrar los emparrados del dominio.

Se apagó la chonchona de la puerta
y tropezó la bestia en el umbral.

Rosarito, you have come to see me
with your little bright mouse eyes, delighted to be mouse
and your voice so submissive, low, enslaved;
the sombre leaves of your eyelashes fan me,
and once again your voice wounds me as it breaks into complaints
and comes undone, amidst yellowing papers without importance.

How these debasing domestic tasks
abuse your destiny:
wash, embroider, cook...
'There are still two chrysanthemum petals
to sponge on the velvet,' you say,
and the distressed velvet wrinkles in your hands
and your apron is splashed with shadows,
the sobs of Bécquer's swallows.

Already the sun has risen higher than the little window of the silo,
Grandpa Faustino's felt it
and it makes the canary give more than twenty chirps.

The coals turn white like the history of the world,
the linen nestles in my lap,
the eyes that listen and hands that think.

The prayer that never ends,
my God! how long is the night, how long and how it roars between the houses,
Lord of Armies!

The dark riders of the wind
make the vine arbours on the property tremble.

The lamp by the door went out
and the beast stumbled over the threshold.

Llueve, llueve, llueve desde la madrugada,
huyen los pájaros, huyen las hojarascas de todos los ancianos,
los pequeños proletarios pintan la miseria del mundo
chapoteando en los charcos.

Hablemos quedo para no despertar las iras del dios de los vientos.
Abajo unos toros rojizos braman
interminablemente al horizonte,
después, bajan sus cabezas pausadas
con el asentimiento tácito de su vida oscura y profunda.

Aquellas comarcas fértiles, anchas,
rebalsan los sentidos de un regocijo agrícola,
los músculos crecen, elásticos,
y se piensa en los primeros días del mundo,
en aquellos en que las formas, las líneas, los colores,
      los ruidos, los olores,
edificaron aquella enorme palmera sonora y espectacular,
cuando seres de pies cristalinos
y cabelleras de viento incrustadas de piedras preciosas
poblaron las hendiduras de la tierra pura,
cuando la alegría crecía como una mata de tiempo,
por las arterias azules de LO VIVO,
cuando caía hacia las aguas inquietas
el anillo de oro rojo y familiar,
y los ángeles jugaban ingenuamente,
sobre los tapices verdes ensombrecidos de silencio:
rondas y rondas y rondas danzaban
lanzando contra los troncos de oro enrojecido
las granadas risueñas, multiplicadas
en chispas de fuego alegres y nuevas.

Rains, rains, rains since early morning,
the birds flee, the dead leaves of all of the aged flee,
the little proletarian workers paint the world's misery,
splashing in puddles.

Let us talk gently so as not to wake the furies of the god of winds.
Below some reddish bulls roar
endlessly at the horizon,
then they slowly lower their heads
in tacit affirmation of their deep dark life.

Those fertile, wide regions,
make the senses overflow with agricultural delight,
the muscles grow and turn supple,
and one thinks of the first days of the world,
those in which the shapes, lines, colours,
        noises, smells
built up that enormous palm tree, marvellous and echoing,
when beings with crystal feet
and hair of wind embedded with precious stones
settled in the clefts of pure earth,
when happiness grew like a clump of time,
through the blue arteries of THE LIVING,
when the simple ring of red gold
fell towards restless waters,
and the angels played naïvely
on green tapestries shaded in silence:
rounds and rounds and rounds they danced,
launching against the trunks of reddened gold
smiling pomegranates, multiplied
in joyful new sparks of fire.

Pero... había de venir el sueño
y se durmió LA VIDA,
se durmió sobre la sociedad de mariposas apachurradas,
sobre las alfombras cansadas de sangre y de llamas;
cuando el nuevo día arreaba por las montañas sus ovejas de luz,
las piernas y los brazos de aquellos desventurados,
tenían el peso grave y omnipotente
del que ya ha vivido...

Como Rascolnicoff,
siento un peso radial y mortal que me abruma,
escucho un latido de sombra,
se agita sobre mis cabellos un ala negra,
sobre su sueño, los párpados violetas
brillan en lo oscuro de mi alma.

Tierras pardas, pueblo de años,
la incipiente Primavera se desnuda como una niña,
espolvoreando ruborosos besos de durazno,
perlas y pensamientos de perales, guindos y cerezos.
Todo está plateado, abierto meticulosamente
como un abanico de señorita de ayer.

'Es imposible construir en el vacío,' ha dicho.
Es imposible...

Al alejarse, como un árbol, alto,
sus brazos calan, como ramas o frutas,
las manos se movían como aquel que quiere asir al pasar
cosas livianas: cabellos, almas o pétalos vencidos.

But... the dream had to come
and LIFE slept,
it slept on the society of smashed butterflies,
on the tired carpets of blood and flames;
when the new day spurred its sheep of light through the mountains,
the legs and arms of those unfortunates
had the grave and omnipotent weight
of what has already lived...

Like Raskolnikov
I feel a circling fatal weight that burdens me,
I hear a beat of shadow,
over my hair a black wing flutters,
over his dream violet eyelids
gleam in the darkness of my soul.

Drab lands, aged town,
yet budding Spring strips like a girl
and sprinkles blushing peach kisses,
pearls and thoughts of pear trees, dogwoods, cherries.
Everything turns silver, neatly opening
like the fan of a young lady in times past.

'It's impossible to build in the void,' it's been said.
It's impossible...

When moving away, like a tree, tall,
her arms descend like branches or fruits.
Her hands move like one who wishes to grasp, as she passes,
light things: hair, souls or drooping petals.

Allá la alameda encendida de los aromos;
¡allá va! ¡allá va!
Cansancio de enredadera sobre los muros antiguos,
su cabecita morena es un diamante o una estrella sin rumbo,
es ella la misma, la de los cantaritos de greda,
qué bien sobre la tarde roja, lucen los rojos
de su pollera remendada.

Miro y palpo la dulzura en la curva de todos los ríos;
el agua está más azul que la florecilla del tiempo,
visto de flores las sombras,
agito cortinajes heridos,
oprimo cojines perezosos y canto...
haciendo coro al rumor del cielo, bordado de pájaros.

Amelia, la solterona, viene de la Iglesia;
'¡tan oscuro y ya regresa!' he dicho,
'Dios no duerme y nos espera desde siempre...' ha contestado.

Siempre el mar de mi niñez, siempre el mar,
agitándose vivo, vibrante, oscuro, azul, infinitamente eterno,
tan azul que cada mañana nos cuenta una historia distinta.

En la ventana del cielo el Invierno ha colgado sus aguas,
los pájaros tienen el dolor de su silencio,
los ganados y los rebaños añoran el Abril ido,
por los caminos de la oscuridad se oyen galopes y aullidos de muertos.

Grandes ojos, que en la noche encienden leyendas son los vientos del Sur,
en la prisión del espanto las criaturas lloran de frío,
la madre abriga al hijo dormido con el fuego de sus pupilas,
mientras que allá, lejanos humos y rayos agitan la montaña.

There is the burning avenue of the acacias;
there she goes! there she goes!
Fatigue of morning-glory on the ancient walls,
her dark little head is an aimless diamond or star,
it's her, the very same, she with the little pitchers of clay,
in the red afternoon how well the reds appear
of her mended skirt.

I look and squeeze the sweetness in the curve of all rivers;
the water is bluer than the little flower of time,
I dress the shadows with flowers,
I wave injured draperies,
I press down lazy cushions and I sing...
forming a choir with the murmur of the sky, embroidered with birds.

Amelia, the old maid, comes from Church;
'So dark and returning now!' I said,
'God doesn't sleep and He's always waited for us...' she answers.

Forever the sea of my childhood, forever the sea,
moving with life, vibrant, dark, blue, infinitely eternal,
so blue that every morning it tells us a different story.

In the window of the sky Hell has hung its waters,
the birds have the pain of their silence,
the cattle and sheep long for April to be gone,
along the roads of darkness are heard the gallops and howls of the dead.

The winds of the South are big eyes that spark legends in the night,
in the prison of terror creatures cry of cold,
the mother shelters her sleeping child with the fire of her pupils
while there, far away, smoke and lightning beat against the mountain.

Los automóviles pasan y brillan a la distancia,
– meteoros del Invierno –,
entre sus impermeables, el rico sale a recoger las hojas muertas
    de su fantasía.

Azul y oro, cruzado de luz tibia, el cielo;
por mis brazos desnudos cuelgan estrellas, su racimo,
águilas de alas negras dibujan sus consignas
a través del árbol transparente de mi cabellera.

Sus nervios y sus lágrimas sueltan menudas hojas,
haciendo coro y ronda al viento que corre alrededor de la tierra,
ha llegado la tempestad, enredada de auroras
y la siento en mi lengua abrigada de mieles y besos.

Blancos, lechosos muslos estremecen la noche.

Su intenso traje de sombra herido entre boscajes,
allá una llama, un grito, un picaflor de luz,
abarcadora y total: ¿Eva?
lo descubriría todo, lo cubriría todo:
árboles, pájaros, briznas, celajes fugitivos.

Desconcertante y marina
con el corazón de pétalos intermitentes
destrozaría mariposas, plumas acaecidas del sueño.

Pelo esplendente,
ojos, rumor de algas, cristal de tilo nuevo.

Aquel estrado verde, largamente verde como la mano de Dios,
de vanidad y de presencia la envolvían,
sinfonía de alabastros y nieves CANDENTES,
harían huella en la tierra morena.

The cars pass and gleam in the distance
– meteors of Winter –,
amidst their rain slickers, the rich man goes to collect the dead leaves
    of his fantasy.

Blue and gold, the sky is a crusader of warm light;
from my naked arms hang stars, their cluster,
and eagles with black wings trace their cries
through the transparent tree of my hair.

Their nerves and tears let fly small leaves,
forming a chorus and round for the wind blowing about the earth.
The storm has arrived tangled with dawns,
and I feel it on my tongue wrapped in honey and kisses.

White, milky muscles shake the night.

Her intense shadow dress wounded amidst groves,
a flame there, a shout, a hummingbird of light
encompassing and total: Eve?
she'd discover everything, she would cover everything:
trees, birds, stalks, scattering clouds.

Unsettling and marine
with a heart of flickering petals
she would destroy butterflies, feathers occurring in dream.

Radiant hair,
eyes, murmur of algae, hardness of new lime.

That green platform, long and green like the hand of God,
surrounded her with vanity and presence,
a symphony of alabasters and BURNING snows
that would leave a trace on the dark land.

Fuente de plata, de mirada celeste,
fuente henchida y entraña de primera canción.

Yo escribo así: 'Eva y la fuente',
y allí dentro las hojas, las algas, su cuerpo de línea libre y vegetal.

Manos de harina intocada,
de pan y agua, detenida a la altura del rostro...
en la primera actitud femenina extendida entre los mares sobre la tierra.

Fountain of silver with a sky-blue gaze,
bursting fountain with the essence of first song.

I write thus: 'Eve and the fountain',
and there within it are the leaves, the algae, her body of free vegetal line.

Hands of pure flour,
of bread and water, held before her face...
in the first feminine gesture stretched out between the seas of the earth.

Frente popular en 1937

Pueblo de greda,
corazón de bronce, tu voz madura un solo grito.

Canto al Frente Popular,
bandera que flamea en todos los ámbitos del mundo,
océano alegre que aturde,
penacho de esperanzas con plumas rojas en la frente.

Abrazados a tus consignas
los explotados se tornan conscientes,
mejoran los enfermos,
las mujeres dan a luz agitando en sus labios la palabra VICTORIA.

Ya podremos, floridos, cerrar los ojos
tendiendo la confianza en grandes, alegres círculos,
y agitar las manos morenas
como quien ofrece trigo y granadas a los entristecidos por el hambre,
o ir danzando hacia la posesión de todos los derechos.

¡Por la aurora de tus reivindicaciones, multitud!
por el pan y la libertad obreras,
por los puños sagrados de tus trabajadores.

Popular Front in 1937

Town of clay,
heart of bronze, your mature voice a single shout.

Hymn to the Popular Front,
flag that waves over the entire world,
happy dazzling ocean,
plume of hope with red feathers on the forehead.

Embracing your slogans
the exploited gain consciousness,
the ill are healed,
women give birth, on their lips the word VICTORY.

Blossoming now we'll be able to close our eyes,
spreading confidence in great joyful circles,
and wave our dark hands
like ones who offer wheat and pomegranates to those sad from hunger,
or go dancing towards the possession of all rights.

For the dawn of your claims, masses!
for bread and the freedom of labourers,
for the sacred fists of your workers.

Escenario

De pie sobre llamas, tu zapato negro oprime una campanilla de plata,
grupos de palabras dejan caer su saludo feliz,
       mensajeras del Sur, mariposas;
levantas tu velamen de pájaro marino sobre las colinas ardidas de sol,
arrastrando una sombra azul, como cabellera.

Así, dadivosa de los pensamientos y su flor mineral,
hecha dolor por tu voz que es moneda de cristal sombrío y caballo de oro:
los niños sangrientos, las mujeres y el rojo corazón de los soldados,
rayan en tus rodillas el emblema solemne de sus estandartes.

El otoño ha templado tu lengua de cuerdas profundas,
tus ojos adivinan la polémica del futuro,
       parada en el hombro del transeúnte:
los puños rojos de la idea alumbran tu mano y tu índice,
tu mano, vela ciega en alta mar, conducida por vientos náufragos.

Mi canción de espigas trenzadas con auroras,
se desborda de rosas de vidrio y peces pálidos,
       bestias y diamantes de amaneceres,
recógela en tus labios que siembran mitos
para devolverla al corazón monumental de las multitudes.

Stage

Standing on flames, your black shoe crushes a small silver bell,
clusters of words release their happy greeting,
>   messengers from the South, butterflies;

you raise your sails of a sea bird over the burning hills of sun,
dragging a blue shadow like a head of hair.

Such is the generosity of your thoughts and their mineral flower
turned to pain by your voice, a coin of dark glass and horse of gold:
the bleeding children, the women and the red hearts of the soldiers
brush against your knees the grave emblem of their banners.

Autumn has quieted the deep strings of your voice.
Your eyes glimpse the polemic of the future
      sitting on the shoulder of the passer-by:
the red fists of the idea inflame your hand and index finger,
your hand sails blindly on high seas, driven by shipwreck winds.

My song about ears of wheat plaited with dawns
brims over with glass roses and pale fish,
      beasts and diamonds of early mornings.
Gather it on your lips that sow myths,
to return it to the monumental heart of the masses.

Canción de títeres

La campanilla iluminó la luz y el milagro salió de entre bastidores;
en la platea se reía la calva de un cuello de goma;
las plumas de un sombrero se bañaban en las ampolletas,
      como nidos de pájaros muertos,
y tú, mi niño, cómo hacías entrechocar hilos de plata entre tus dientes.

Del corazón del firmamento pintado,
una mariposa de campo, controlada por el parpadeo nacional de sus alas,
vino hasta el borde de mis uñas rojas y allí depositó un huevo de sueño.

Aun el ventrílocuo hacía estallar su hechicería
cuando la sala vacía y desvencijada, en soledad, bañándose,
hacía la cuenta de su sombra,
como el atardecer, cuando se mira en la pupila perpendicular de los ríos.

Song of the Puppets

The little bell gave out light, and the miracle came from the wings;
in the audience the bald man with a rubber neck laughed;
the feathers of a hat swam in the bulbs
      like the nests of dead birds,
and you, my boy, how you made the silver threads clack in your teeth.

From deep in the painted skies,
a country butterfly, guided by the national fluttering of wings,
came to the tip of my red nails and there laid a dream egg.

The ventriloquist even unleashed his witchcraft
when the shabby and empty room, all alone, sinking into itself
took account of its shadow,
like the evening, when it looks into the rivers' perpendicular eye.

Luna de viento y noche

Si clara, pacificadora y benévola,
si oscura tentadora, imantada, cruel,
densa para los pájaros, apretada de lo húmedo,
externa para los sembrados y los frutos,
interna y cálida para el cuerpo cansado.

Salir a beber la noche desde lo alto,
a escuchar su sombra y el arpegio de su imagen,
abrazar la hechicería de las estrellas,
echar al viento el barco de oro de un pensamiento.

Aisladora, fresca, trinada y absorbente.
Lo blanco más blanco,
lo oscuro más oscuro
y asesinadora de espíritus.

La miramos siempre de espaldas,
como el mar o las mesetas del cordero,
siempre con el corazón azul
a emprender una larga ruta
que comienza en las uñas de los pies
y estalla en la raíz del cielo.

Ningún misterio le es ajeno,
su sal es metálica,
y dulce, tanto, su caña y su fuente.

Cuando salgo al encuentro de la luna
se multiplican las águilas nuevas y las aguas,
el mar se enternece,
el huracán sonríe a la montaña,
mis dedos improvisan un sudario.

Moon of Wind and Night

Clear, pacifying and benevolent,
or dark, tempting, magnetic and cruel,
dense for the birds, compact with damp,
external for the sowed fields and fruits,
internal and warm for the tired body.

To go out and drink the night from the heights,
to listen to its shadow and the arpeggio of its image,
to embrace the witchcraft of the stars,
to toss the gold boat of a thought into the wind.

Isolating, fresh, trilled, absorbing.
The whitest white,
the darkest dark
and greatest assassin of spirits.

We always look at it turning away,
like the sea or slaughtering bench,
always with our hearts blue
at starting a long journey
that begins at our toenails
and explodes at the bottom of the sky.

No mystery is foreign to it,
its salt is metallic,
and how sweet is its reed and its spring.

When I go out to meet the moon
new eagles and waters multiply,
the sea grows tender,
the hurricane smiles at the mountain
and my fingers improvise a shroud.

Son esas historias redondas, achatándose hacia el Norte
las que dan origen al rayo, varón irreparable.

Ojerosas y desveladas criaturas,
ya es la hora de entregar todas las canciones
al sepulturero nocturno
que pasa tallando con su hacha la tiniebla.

These are the round stories, flattening towards the North
that give origin to lightning, irrevocably male.

Baggy-eyed and sleepless creatures,
now is the hour to surrender all songs
to the nocturnal gravedigger,
who goes by carving the shadow with his axe.

Araucanía

Por caminos de sangre, a la huida de la luna
se arrastran las madres araucanas, con la explotación a la espalda:
el crepúsculo capitalista las azota como un látigo,
pisando tierras muertas, tierras rojas, tierras negras.

Joven guerrera de ayer, entera mujer de Araucanía,
tu inmenso atado de pena, como la muerte pesa,
abrigándose en tus trenzas de oscuridad milenaria.

En las rucas que parecen palomas echadas,
el fuego alumbra los rostros amarillos del pasado,
el fuego araña los lomos infinitos del cansancio,
las manos como sarmientos, que rasguñan, persiguiéndose,
entre el canto de color que cae de los telares.

Murió la canción del copihue sangriento, flor de volcanes,
la canción que jugaba con la tempestad entre los bosques azules,
ya está helada entre dos soles de Abril y entre dos rifles.

Cuando la tarde se ensancha y atemoriza el ganado,
como un lago amargo,
la india sale a contemplar su tristeza,
la trutruca oscura y honda da la nota trágica al alma,
y ella suspira para los ojos del antiguo guerrero.

Ya de la raza heroica es el heroísmo su rastrojo,
pero la bandera de su juventud la levantan
viejos caciques rojos,
unidos al clamor nacional
bajo el signo santo y monumental
de la hoz y el martillo.

Araucanía

By paths of blood, at the flight of the moon
Araucanian mothers crawl with exploitation at their back:
the capitalist twilight lashes them like a whip,
striking the dead lands, red lands, black lands.

Young warrior woman of yesterday, whole woman of Araucania,
your immense bundle of sorrow weighs like death,
sheltering itself in your plaits of ancient darkness.

In huts that look like cast doves,
fire illuminates the yellow faces of the past,
fire claws at the infinitely fatigued hills,
hands like vine shoots scratch, chasing one another
amidst the song of colour that falls from the looms.

Dead is the song of the bleeding copihue, flower of volcanoes,
the song that played with the storm amidst blue forests,
and now is frozen between two April suns and two rifles.

When afternoon spreads and frightens the cattle,
like a bitter lake
the Indian woman goes to contemplate her sadness,
the dark deep trutruca horn gives a tragic note to her soul,
and she sighs for the eyes of the ancient warrior.

Of a heroic race, heroism is the remainder,
but the flag of her youth is raised
by old red caciques
and united with the national cry,
under the holy and monumental sign
of the hammer and sickle.

Lenguaje sin palabras

Venía escribiendo tu nombre en hojas de amaranto,
tu nombre espada y cruz y océano de cadencia y tumulto marino,
cuando perdí la llave única,
entre reliquias, espejos, palomas y corazones rotos...
y ahora, escrito está en el correr de muchas aguas.

¡Salir del sueño, pisar lozas quebradas
        y arañas que escriben los muros,
beber rocío amargo de albas despeinadas,
volverse como las monedas con sello eterno en la espalda,
y después, de nuevo, con tentáculos de alma enferma
ir acariciando la apariencia del mundo muerto y de la muerte!...

Sobre la idea el YO, como oscuras hojas de yedra,
a pesar de mí misma, a pesar del dolor variable de las estaciones,
construyendo realidades indescriptibles, brotadas tan solo
        como quitasoles sin historia,
en el regazo ardiente de mi conciencia.

Monólogo defensivo, gota de alma que cae desde un telón de fondo,
piedra de río negro y tardío entre azules cóncavos,
piedra que viene a caer y a chocar contra mi esqueleto,
precisamente, en este instante en que las ventanas no existen.

Giro a la ribera de mi organismo,
porque las golondrinas escuchan mi pensamiento,
invadido y sangrante de aquella historia
de rosa de fiebre que se liquidan entre los labios.

Language Without Words

I went writing your name on leaves of amaranth,
your name of sword and cross, rhythmic sea and marine tumult,
when I lost the only key
amidst relics, mirrors, doves and broken hearts...
and now it is written in the flowing of many waters.

To leave dream, to stamp on broken dishes
        and spiders writing on the walls,
to drink bitter dew from dishevelled dawns,
to return like coins with an eternal seal on their back,
and then, once again, with the tentacles of a sick soul
to go stroking the appearance of the dead world and death!...

Around the idea, like dark leaves of ivy, the 'I',
despite myself, despite the variable pain of the seasons,
indescribable realities build up that appear on their own,
        like umbrellas without history,
on the burning lap of my conscience.

Defensive monologue, drop of soul that falls from the backcloth,
stone of late black river amidst concave blues,
stone that comes to fall and hits my skeleton,
precisely at the moment that the windows do not exist.

I turn to the shore of my body
because the swallows listen to my thoughts,
overwhelmed and bleeding from that story
of fever rose that melts between the lips.

Palabras que, por cabalgar la verdad,
alcanzan la ficción y se anticipan, amargas,
a la verificación de los olvidos;
(yo quisiera llevaros por mis palabras,
que se hacen palabras entre las palabras,
y con las cuales voy queriendo hacer este nudo
de cadenas e interrogaciones).

Detener la marea, que inunda, sola y oscura,
encauzar el espíritu disperso,
aprender a mirar cómo el águila es posible que mire lo invisible.

Cuando el dolor justifica el papel rojo,
ya es más del mundo y menos del fantasma tenebroso,
que no habrá de hundirse jamás en las tinieblas.

¿Habéis sentido alguna vez el ruido en soledad hecho,
de unos recuerdos humanos por las galerías,
esos pasos que a la hora del sol gotean luz,
      en los castillos que no existieron,
y pasión frente a los tableros redondos,
donde se incendian las pupilas más vencidas?

Mi paisaje por eso es negro:
cortinajes y academias pesadas de tiempo y alfombra polvorosa,
desteñidos sillones de azul muelle, tornasolados,
mariposas de eterno temblor, intactas,
      en donde el azahar no madura,
ritmo entre la oscuridad y lo oscuro.

Words that by riding the truth
achieve fiction, and bitterly anticipate
the proof of oblivion
(I wanted to carry you along with my words
that make words between words,
with which I desire to make this knot
of chains and interrogations).

To stop the dizziness that floods in, alone and dark,
to channel the dispersed spirit,
to learn to see like the eagle, perhaps able to glimpse the invisible.

When sorrow justifies the red paper,
already it is more world and less shadowy ghost,
and never again will it have to hide away in darkness.

Will you ever make sense, noise made in solitude,
a few human memories in the galleries,
these steps that drip light at the hour of the sun
       in castles that do not exist,
and passion before the round tables
where the most worn-out pupils grow inflamed?

This is why my landscape is black:
drapes and academies heavy with time and dusty rugs,
faded armchairs with blue springs, iridescent,
butterflies eternally trembling, intact,
       where the orange blossom does not mature,
rhythm between darkness and dark.

Describo mi trayectoria,
como música tibia, presencia, pena, pan de visita triste,
lágrimas como uvas de sombra,
detenidas en el extremo sutil de las pestañas,
¡cómo me apodero entonces de la noche sorda,
coagulada de nieblas!

Todas las horas asumen un solo color,
una sola temperatura, una sola cadencia, y un solo eco,
clavado en las estrellas.

Por eso, abro, también, la ventana
y mi mano,
como un pájaro celeste se equilibra, surge, aletea, cae,
trazando un círculo debajo del ciclo y muere,
¡oh! como el símbolo secreto, abracadabrante y desnudo
de la obsesión ramificada,
personalmente inútil, rota, extendida, con negras perlas de crimen.

El papel recoge tumultuosas visiones
que desmigajan la narración sin hilación aparente...
escudos que son letreros cavernosos
en una superficie incolora, que van agrandando,
el volumen de la desesperación.

Vivo, quemándome,
vivo pisando cenizas ardientes.

El sol del Verano hiere mi piel contemplativa.

El dolor es una flor de sombra.

I trace out my journey
as warm music, presence, sorrow, bread from a sad visit,
tears like shadowy grapes
paused at the subtle end of the eyelashes,
how I then take control of the dull night
curdled with mists!

All of the hours take on a single colour,
a single temperature, a single rhythm, and a single echo,
fixed in the stars.

This is why I also open the window
and my hand,
like a sky-blue bird, steadies itself, rises up, flaps, falls,
draws a circle beneath the cycle and dies,
oh! like the secret symbol, captivating and naked,
of branching obsession,
personally useless, broken, outstretched, with black pearls of crime.

The paper gathers up tumultuous visions
that crumble the narrative without apparent links...
shields that are cavernous signs
on a white surface, which grow larger,
the volume of desperation.

I live, burning myself,
I live stamping burning ashes.

The Summer sun hurts my contemplative skin.

Pain is a flower of shadow.

Y cierro la ventana a las moscas de metal amarillo que me golpean.

Intermitente, agobiada, presurosa,
salí de la niñez dolorida,
a la adolescencia atormentada, en donde el deseo mordía la llama
    del deseo,
y ahora: hijos en faena.

'Había una belleza
de hogar claro, sano, florido de yuyos puros y alondras,
pero un día la manchada,
se revolcó en las auroras del tiempo
y asechó y escarbó
y destiló un veneno de culebra sin título
en el corazón del hombre:
la mentira cubría la estampa pintarrajeada
de engaño.'

Camina por aquí, por ahí,
la veo, la oigo, veo aquellos ojillos pequeños
debajo del dibujo trunco,
el ademán aceitoso de mulata,
la nariz pinchada,
por los dientes parejos de animal con dientes,
en los que quebraba la sonrisa maldita...

¡Oh! tanta ceniza derramada por la satánica ceniza,
pacotilla que enloda las altas montañas del sueño,
nuevo azul de quimera, que emerge, nuevo,
y tu desamor a la siga de los manantiales,
¡oh! girasol frente al muro,
otros hongos, otra aurora de fuego, con otros remotos porvenires,
y tu recuerdo, de codos en el balcón,
frente a frente al camino,
– racimo de aguas negras en clara agua de olvido.

And I close the window to the flies of yellow metal that strike me.

Half-formed, overwhelmed, rushed,
I came out of painful childhood
to tormented adolescence, in which desire bit the flame
 of desire,
and now: children by the bucketful.

'There was a beauty
to a simple healthy home, flowering with pure herbs and larks,
but one day the stained one
rolled about in the dawns of time
and laid a trap and scratched the earth
and dug up the poison of a serpent without name
in the heart of man:
the lie concealed the smeared mark
of deceit.'

She walks here, there,
I see her, I hear her, I see those little eyes
beneath the incomplete image,
the oily gesture of a mulata woman,
nose pinched
by the even teeth of an animal with teeth,
which broke the wicked smile...

Oh! so much ash spilled by the satanic ash,
rubbish that muddies the high mountains of dream,
the new blue of chimera that emerges, new,
and your lovelessness in pursuit of the springs,
oh! sunflower facing the wall,
other fungi, another dawn of fire with other remote futures,
and your memory of elbows on the balcony,
confronting the path,
– cluster of black waters in the clear water of oblivion.

TODAS LAS HORAS ASUMEN UN SOLO COLOR,
UNA SOLA TEMPERATURA, UNA SOLA CADENCIA
     Y UN SOLO ECO,
CLAVADO EN LAS ESTRELLAS.

Feliz canción fugaz anida en la ventana,
es el amor que llega de perfil, realizando su estampa aguda,
audaz como otras veces, sombra de sombras,
acurrucado en mis rodillas, solapado, cruel, angustiado.

Recuerdos que debieron echar llamas, muriendo;
pero la hermosa mentira, que es verdad,
crece su reserva sentimental en los terrenos devastados,
aventados al vendaval.

Mi manuscrito es claro, con los brazos abiertos,
como el cielo por la mañana:

'Ya estoy aquí, decías, de nuevo, yo, adentro de ti' ;
pero yo veía tu cara y no tu alma,
y no podía creer que podía creer lo que miraba,
porque estaba dividida en dos racimos,
de sol y sombra, en dos racimos dividida.

Y las palabras se hacían plumas al caer
sobre mi resignación de manantial herido.

Muchos siglos que los ojos dormidos, que son los míos,
guardarán tu ser cambiado,
aquellas noches lúgubres de la Primavera que murió en Primavera,
llenas del horror de tu delirio,
la noche ya doblada y ese interminable coche
que te traía a través del espanto.

ALL HOURS ASSUME A SINGLE COLOUR,
A SINGLE TEMPERATURE, A SINGLE RHYTHM
    AND A SINGLE ECHO,
FIXED IN THE STARS.

A happy fleeting song nests in the window,
it's the love that comes in profile, leaving its clear stamp,
bold like other times, shadow of shadows,
curled up on my knees, evasive, cruel, anguished.

Memories that must have given off flames, dying;
but the beautiful lie, which is truth,
grows its sentimental reserve in the destroyed lands,
blown by strong wind.

My manuscript is clear, with arms open,
like the sky in morning:

'Now I am here,' you said, 'again, me, inside of you';
but I saw your face and not your soul,
and could not believe that I could believe what I saw,
as it was divided into two clusters
of sun and shadow, into two clusters divided.

And the words became feathers as they fell
into the fount of my hurt resignation.

For many centuries the sleeping eyes, that are mine,
will retain your changed being,
those melancholy Spring nights that died in Spring
full of the horror of your delirium,
the night already folded away and that endless carriage
which brought you through terror.

Lejanamente, en la inútil presencia del pasado,
sonámbula, tratando de salir a la superficie de un sueño.
Nunca ya habré de borrar el asombro
y el amargo y funeral sabor de lo indescriptible.

'Nuestro amor venía de antes
y su tiempo debería haberse medido
después de morir.'

Sólo un presente me invade íntegra,
¿dónde empezó la verdad, esta verdad, y dónde la verdad tronchada?
¿comprendéis lo amargo de la juventud
que envejece el espíritu?

'Estabas confuso y oscuro, esperándola,
la inquietud de la culpa del alma te hacía discontinuo,
te gritaba en el rostro, el bruto,
la llamaban tus involuntarios terrores,
y la sorda voz del equivocado;
sin comprender aun, lo que comprendía,
      como se comprende el llanto,
yo te miraba.'

'Uncida a la puerta de la puerta,
sentía venir el horror
apretando el corazón contra el muro
que temblaba.'

'Y caí a la pasada de la desgracia,
porque tiritaba la tierra de adentro,
herida en el vientre.'

Far off, in the useless presence of the past,
sleepwalking, attempting to rise to the surface of dream.
Never again will I have to erase the astonishment
and bitter funeral taste of the indescribable.

'Our love came from before
and its time must have been measured out
after death.'

Only the present fills me entirely,
where did the truth begin, this truth, and where the cut-off truth?
do you understand the bitterness of youth
that ages the spirit?

'You were confused and dark, expecting it,
the restlessness of the guilt of your soul made you discontinuous,
I screamed at you in the face, you brute,
called up your involuntary terrors
and the deaf voice of the mistake;
still without understanding what I understood,
  as one understands weeping,
I looked at you.'

'Yoked to the door of the door,
I felt the horror come,
pressing my heart against the wall
that trembled.'

'And I fell at the passing of the misfortune,
because the earth shivered from within,
wounded in the belly.'

¡Qué extraña la palabra 'SOL', el Dios del mundo!
¡siento que resurges desdoblándote,
      entre tus estadios y ferreterías,
como si te miraras en tus abismos!

Escucho cimbrarse en lontananza
mis sueños rotos – velas de un querido navío perdido –
veo los ruidos negros del viento,
absorbiendo los miedos, los muertos entre los cerezos,
y aquel ardiente olor tibio de las abejas,
en el minuto en que mis pies pudieran fotografiar lo último,
cuando los candelabros esmaltan la sombra...

How strange the word 'SUN', God of the world!
I feel you come forth again, split in two
	between your stadiums and ironmongers,
as if you were looking at yourself in your abysses!

I listen to my broken dreams
swaying in the distance – sails of a beloved lost vessel –
I see the black noises of the wind
absorbing the fears, the deaths amidst cherry trees,
and that warm burning smell of bees,
at the minute my feet could photograph the end,
when the candelabras glaze the shadow...

Gotera de dulce diamante

Grito seguido de aquel ruido de goznes rotos,
o de animales muertos en las charcas,
grito arrastrado y confuso, de las criaturas al nacer,
voz oscura y dramática que me llama desde el fondo de la tierra,
desde la infancia, sepultada al otro lado del tiempo.

Paisajes con aguas santas y explanadas vegetales,
un enorme aerostático encima de los pescadores,
plaza de pueblo y mar.
El mar que cubrió, sublimemente,
mi niñez pequeñita y atormentada,
mirándome con su enorme ojo acuático de animal sacrificado,
inmensa y trágica esmeralda.

Pero ahora es el viento de la ciudad cosmopolita,
el que trae olor de magnolia salvaje,
mientras se coagula el dolor de España que va por las carreteras.

Más mis brazos desnudos se agitan bajo la luna,
son banderas de paz y de pasión,
son latigazos de sombra, bridas de venas azules,
       monumentos de arena.

Construir, construir llorando,
construir con orden en este desorden melancólico.

Tal vez.

A la distancia, nunca, nunca!

El papel es rojo y está frente a frente al dolor, amenazándolo,
y el dolor es sangre y es muerte,
como nosotros, y mundo, y un lirio en una lágrima negra
y un yo que no podrá hundirse jamás en las tinieblas,
aunque lo echemos, como llanto.

Drip of Sweet Diamond

Shout followed by that sound of broken hinges
or animals dead in the ponds,
drawn-out indistinct shout of creatures being born,
a dark dramatic voice that calls to me from the depths of the earth,
from childhood, buried on the other side of time.

Landscapes with holy waters and vegetal esplanades,
an enormous hot air balloon over the fishermen,
plaza of people and sea.
The sea that covered, sublimely,
my small tormented early years,
looking at me with its huge watery eye of a sacrificed animal,
an immense tragic emerald.

But now it's the wind of the cosmopolitan city
that brings the scent of wild magnolia,
while the sorrow of Spain curdles as it goes along the roads.

But my naked arms wave under the moon,
they are flags of peace and passion,
they are lashings of shadow, bridles of blue veins,
        monuments of sand.

To build, to build crying,
to build with order in this melancholy disorder.

Perhaps.

At a distance, never, never!

The paper is red and it confronts sorrow, threatening it,
and the sorrow is blood and death,
like us, and the world, and a lily in a black teardrop
and an 'I' that can never be sunk into darkness
even if we expel it from ourselves, like weeping.

Madres contra el fascismo

La tempestad es negra, el viento es negro,
el huracán fascista desgaja las puertas, madres de América;
son los tigres de la jungla,
las serpientes arrastrándose entre ciudades floridas,
es una lágrima azul de ardida pólvora.

Pongamos los fusiles en el hombro de nuestros hombres,
defendamos los hijos acaecidos como rosas rojas o amapolas,
defendamos el pan y la leche para sus vidas sin defensa.

Ya se ha enrojecido el diamante de nuestro pecho
y el azahar de las entrañas,
por eso llevamos en el cristal del espíritu un puñal escondido.

En los trigales de la democracia
arde el copihue del heroísmo y el estruendo victorioso
        de los tambores americanos,
levantémonos junto a la epopeya de las multitudes
mezcladas al clamor de los hambrientos de libertad,
frente a la presencia traidora del fascio.

Llamemos a las puertas de las casas
temblando en las calles como naranjos mojados
como huertas inundadas de miedo en la oscuridad.

Habremos abrazado la tierra,
madres del mundo,
madres del trópico, del Sur, de la pampa sonora,
con el anillo sin medida de nuestra desesperación.

Mothers Against Fascism

The storm is black, the wind is black,
the hurricane of fascism rips off the doors, mothers of America;
the tigers of the jungle are here
and the serpents crawl through cities in flower,
a blue teardrop of burning gunpowder.

Let's put the guns on the shoulders of our men,
let's defend the fallen children like red roses or poppies,
let's defend the bread and milk for their lives without defence.

The diamond of our hearts has already reddened,
and the orange blossom of our insides,
that's why we carry in the crystal of the spirit a hidden fist.

In the wheat fields of democracy
the copihue of heroism burns and the victorious beating
       of American drums can be heard,
let's rise up with the heroism of the crowds
mingled with the shouts of those hungry for liberty,
before the treacherous presence of the fascists.

Let's call at the doors of the houses
and tremble in the streets like orange trees soaked in rain,
like gardens flooded with fear in the darkness.

We will encircle the earth,
mothers of the world,
mothers of the tropic, of the South, of the echoing pampa,
with the immeasurable ring of our desperation.

Monita de palo

En el armazón de maderas antiguas,
irradiaba y hacía sombra
con un vestido de LAS ESTRELLAS BAILANDO;
manejando el sentido del éxtasis con manos celestes;
así las criaturas del porvenir,
haciendo crecer el trigo en el hueco de sus manos,
frente a las luminarias acostumbradas.

El príncipe inverosímil
con el canastillo de oro y la zapatilla de relámpago,
– 'dejadme pasar, señoras, es la hora de la vendimia
       y del lucero' –
¡entonación de bruma y de recuerdo!

A ti, hijita, mi pequeña de los ojazos perfumados
– aloe, mirra, sándalo y mariposa –,
MONITA DE PALO te va a regalar su vestido
       de esmeraldas encantadas,
y, a la orilla de los caminos,
podrás mirar hacia atrás la espuma de tu atavío inconmensurable,
el mapa tendido entre dos abismos,
y una cáscara de nuez, diminuta e inmensa,
como todo aquello que está adentro.

Monita de Palo

In the old wooden frame,
she glowed and cast shadows
with her dress of DANCING STARS,
wielding with sky-blue hands her sense of ecstasy;
such are the creatures of the future,
making wheat grow in the hollow of their hands,
before lamps accustomed to it.

The unlikely prince
with his little gold basket and slipper of lightning
– 'Let me pass, ladies, it's the hour of the harvest
        and the bright star' –
intonation of fog and memory!

To you, little daughter, my small one with big perfumed eyes
– aloe, myrrh, sandalwood and butterfly –,
MONITA DE PALO is going to give her dress
        of enchanted emeralds,
and at the edge of the paths
you will be able to see behind you the foam of your boundless attire,
the map stretched between two abysses
and a nutshell, tiny and immense,
like all that is within.

Construcción de abril

Tempestad rural escanciada en suertes de aluminio,
ríos desordenados,
botellas de zafiros,
tiempo amarillo, exacto, limitado, rígido,
implacable.

Horizonte gris – coral, líquido, solo,
silencioso;
paliduchas, frescas estrellas que no se caen,
perros tuberculosos diluyendo perfiles
en ladridos de sangre.

Desde mi vientre
echo a volar murciélagos y choroyes,
murciélagos para que la noche se transfigure en alas,
choroyes para que el grito del día reviente en la torre.

En mis oídos una flecha muy fina
deposita el moscardón ojival de la pereza.

Documento sellado con escudos mohosos
plantas aborígenes, ojo de fuego,
magos y adivinos con escarpín,
entre mis dedos el chuncho y su puñal de diamante.

Botón tardío de rosa azumagada
fragante a rocío impenetrable.

Reducto forestal, pajarera estridente y sencilla,
cuna, donde un caballo y un arado
hieren el firmamento convulso,
pinacoteca de gallinas en rumor caminadas.

Construction of April

Rural storm poured out on fates of aluminium,
disordered rivers,
bottles of sapphires,
yellow, exact, limited, rigid,
relentless time.

Grey horizon – coral, liquid, lonesome,
silent;
pale, fresh stars that do not fall,
consumptive dogs diluting profiles
in barks of blood.

From my belly
I let fly bats and choroy birds,
bats to transfigure the night into wings,
choroy birds so the shout of day bursts in the tower.

In my ears a very fine arrow
deposits the lancing wasp of idleness.

Document stamped with mouldy coats of arms,
aboriginal plants, eye of fire,
magicians and fortune tellers wearing slippers,
between my fingers the savage and his diamond dagger.

Late button of moulding rose
fragrant with impenetrable dew.

Zone of forest, strident and simple birdcage,
birthplace where a horse and plough
wound the tumultuous sky,
gallery of clucking hens astrut.

El marco giratorio de este balcón, arropa
ese feroz paisaje de ceño taciturno,
riesgo de flautas en la lengua del día,
enajenando el tiempo van violentas las aguas.

Gentil araña, sopor del alero carcomido,
ufana su castillo blanco de sedería, antiguo,
reinado que se aísla, vaporoso
cruzando la frontera de los hielos hirsutos.

Cañaveral frenético y sonoro,
lirio azul oriental,
aire que corroe la entraña del guiñapo
en lo vencido y roto de su esqueleto rojo.

Forma de semillas podridas
en una misma y única sola copa
junto a tiernos claveles pensativos,
abrazada a la sombra de un muro entre la niebla
donde siete alhelíes absorben el destino.

The revolving frame of the balcony gathers
this fierce landscape with a sulky scowl,
a risk of flutes in the language of day,
violent waters that enrapture time.

A charming spider, sleepiness of consumed wings,
shows off his white silk castle,
an airy ancient kingdom that isolates him
as he crosses the frontier of bristling ice.

Frenetic and echoing cane field,
blue eastern lily,
air that corrodes the insides of the villain
within his fetid broken red skeleton.

The shape of rotten seeds
in the same unique single cup
as tender thoughtful carnations,
embracing in the shadow of a wall amidst fog
where seven wallflowers absorb destiny.

El sueño de las algas

En mi abanico de coral están pintadas las rutas perdidas del mar,
en mi abanico de coral.

Los recuerdos que duermen en los cajones de caoba,
peinan sus cabellos de algas submarinas con una peineta de humo,
grabada por un duende amarillo
que fue poniendo, en cada diente, un beso de la aurora.

Luminosa está la arena y los pies desnudos de la luna
        la aumentan dulcemente.

Las palabras del mar suben con la marea:
algas, peñón, gaviotas, faro, barcos, espumas y olas,
soberanas, femeninas e infinitas olas!

EL SUEÑO DE LAS ALGAS, guarda un secreto
escrito en siete perlas color de cuento azul,
cuando las mujeres entran desnudas a la seda del océano.

The Dream of the Algae

On my coral fan the sea's lost routes are painted,
on my coral fan.

The memories that sleep in mahogany drawers
style their algae hair underwater, with a smoke comb
engraved by a yellow imp
that went around planting a kiss of dawn on each tooth.

The sand is luminous, and made gently more so
       by the moon's naked feet.

The words of the sea rise up with the tide:
algae, crag, gulls, lighthouse, boats, foam and waves,
queenly, feminine, infinite waves!

THE DREAM OF THE ALGAE keeps a secret
written on seven pearls the colour of a blue story,
when the women walk naked into the silk of the ocean.

Los viajeros maravillosos

Como si se estrellaran cristalerías en cántaros de plata
vibraron así sobre los puentes de los barcos rusos
los niños españoles: eran humo y yerbas, sangre y luz política,
luciérnagas asombrando un crepúsculo ya caído de polvo y de miseria.

Las arenas mojadas de lágrimas y muerte,
endurecidas, enfriaron los pies de dos mil madres,
despidiendo a los que llevaban
la estrella de la tarde prendida en las entrañas como una rosa abierta.

Niño moreno y dulce, del más allá sin playas,
donde un pájaro de oro rememora archipiélagos,
el arco iris de tu risa quebrada, incendiará la humanidad,
cuando setenta barcos anclen bajo las brumas.

Plata de terciopelo negro, terciopelo negro de plata,
extendidos en el añil profundo de la muerte,
eso, nada más que eso a tus espaldas...

Ahora, la mano tranquila de Rusia se florece sobre tus sienes,
son las rosas de todos los sueños, son los almendros de todos los vientos,
la música, el color, el libro, la miel de los panales desconocidos
la que asalta tu imaginación poderosa, flor de tragedia.

The Marvellous Travellers

Like glasses shattered against pitchers of silver,
the Spanish children vibrated on the bridges of Russian boats:
they were smoke and herbs, blood and political light,
fireflies astonishing an evening of dust and misery.

The wet sands of tears and death,
grown hard, cooled the feet of two million mothers
saying goodbye to those who carried
the afternoon star lit inside them like an open rose.

Dark sweet child from the beyond without beaches,
where a golden bird recalls archipelagos,
the rainbow of your broken laugh will set humanity aflame
when seventy boats weigh anchor under the mists.

Silver of black velvet, black velvet silver
stretched over the deep indigo of death,
this, nothing more than this at your back...

Now the calm hand of Russia blooms on your temples,
you are the roses of all dreams, the almond trees of all winds,
the music, the colour, the book, the honey of unknown combs,
whatever may assault your powerful imagination, flower of tragedy.

Ya no interrumpirán tu sueño las bayonetas fascistas,
el bolchevique adivina y venera los niños
peinándole los cabellos bajo el sol y la sombra de la industria y la riqueza,
por eso, entre sus nieves y sus torres,
entre sus estepas y sus cañones y sus aviones multitudinarios,
florido de fusiles y ametralladoras,

tú, niño de España, hallarás un nido, el más blando
        que el amor podía construir,
un nido de golondrinas, de barro, de diamantes, de trabajo,
para las criaturas de la España republicana y mártir,
entre sus ruinas imponentes.

The fascist bayonets will no longer interrupt your sleep,
the Bolshevik glimpses and reveres children
stroking their hair beneath the sun and shadow of industry and wealth,
this is why, amidst the snows and the towers,
amidst the steppes and cannons and masses of airplanes
flowering with rifles and machine guns,

you, child of Spain, will find a nest,
        the tenderest one love could build,
a nest of swallows and mud, of diamonds and work
for the creatures of republican martyr Spain,
amidst its imposing ruins.

Sinfonía del instinto

Enajenar un nudo de albas sobre la frente,
un turbante a detener la sombra
con la estridencia de sus medallas.

Licor de cicuta, campanas.
Estoy confusa, no me reconozco;
cuando salgo al encuentro de las amapolas,
ya la tiniebla me invade.

Sino fatal, reverenciado más allá del Otoño;
camino a tientas, sonámbula,
arco y triunfo desplumado sobre la carretera,
me lastimo los pies y la helada
salva la existencia de una rosa.

Ya vienes, enlutado y febril
haciéndote olvidar, presentando
el sello arcano
que el hombre graba a cincel
sobre sus espaldas.

Allá está el faro atravesado de águilas,
mis rodillas sangran
desde que la punta de mis ojos no me adivinan.

Corteza de árbol feliz
que da albergue a las luciérnagas,
esas que suben la montaña
y bajan al valle desde mi cerebro.

Symphony of Instinct

Gather a knot of dawns for the forehead
a turban to halt the shadow
with the stridency of its medals.

Liquor of hemlock, bells.
I'm confused, I do not recognise myself;
when I leave for the meeting of the poppies
shadow already fills me.

Fatal destiny, revered beyond Autumn;
I fumble along the path, sleepwalking,
arc and triumph plucked along the road,
my feet hurt and the frost
preserves the existence of a rose.

Now you come, grief-stricken and feverish,
making yourself forget, presenting
the arcane seal
the man carves with chisel
on your back.

There is the beacon before which eagles pass,
my knees bleed
since the points of my eyes cannot see.

Bark of a happy tree
that gives shelter to fireflies,
those that climb the mountain
and descend to the valley from my brain.

Ronda de pájaros y niños fosforescentes
cazando lunas y pétalos de canción fugaz.

Yo limito la carretera del dolor
y me enjugo las lágrimas del plenilunio, entre follajes
que cuentan cuentos de aparecidos y fantasmas,
y quienes nunca vi,
y a quienes, sin embargo, temo
tanto como a mí misma.

Duermo, sonrío, la esencia de mi ser se disgrega,
entre las uñas de mis dedos las ideas florecen
y se incrustan rectas y venenosas
en el corazón de la noche.

Menos mal que me invade una claridad sonora
y voy por los ríos, azotando piedras o cráneos
que son incienso en el altar del pecho.

Desnuda contra el horizonte:
agua, atmósfera, líquido, fragancia,
armonía de un instante
en que lo bello despliega todas sus velas
para recoger náufragos.

Por mi frente los elementos
me trasladan a firmamentos claros
y mi carne oscila como la llama
y crece como las mareas.

Soy la aeronave que se interna
en los múltiples vientos
respondiendo al eco divino
que a voces me llama desde la aurora.

Circle of phosphorescent birds and children,
hunting moons and petals of fleeting song.

I curb the road of pain
and wipe away the tears of the full moon, amidst trees
that tell stories of apparitions and ghosts
and those I've never seen,
and those whom I fear all the same,
as much as myself.

I sleep, I smile, the essence of my being disintegrates,
within my fingernails ideas bloom
and embed themselves straight and poisoned
into the heart of night.

Better that a ringing clarity invade me
and I travel by rivers, lashing stones or skulls
that are incense on the altar of the chest.

Naked against the horizon:
water, atmosphere, liquid, fragrance,
harmony of a moment
in which the beautiful unfolds all its sails
to gather up castaways.

Before me are the elements
they move me towards clear heavens
and my flesh oscillates like the flame
and swells like the tides.

I am the aircraft that advances
in the multiple winds
replying to the divine echo
that calls me loudly from the dawn.

Ilusión deshojada sobre el huerto frutal
de mis senos en flor.

Tájame, fulmíname,
déjame sobre la cima del volcán
donde Apolo refresque mis labios
agrietados de duda y temas invencibles.

¿Qué fue lo acontecido?
Nada, dicen los ríos en desorden
enroscando recuerdos y paisajes borrados
y la lengua con terror y sabor
de tierra y de memoria.

Rodando, ciega de luz
araña laboriosa de los sueños más puros
que el viento borró y cristalizó en una lágrima.

De otra vida venir
e ir al caos, sin conciencia,
con las sienes sumergidas
en la atroz leyenda: vertiginosa, inmaterial,
sedienta de eternidad y perdón por las ofensas y sus ecos.

La pequeña paletada de alma
sobre los mundos invisibles
que lloran desconocidas desventuras
y escuchan discursos de luceros y rayos
perfumados.

Espíritu, palabra, mirada ardida,
ajena del rumor de las venas;
el paralelo de las piernas
como cuerdas fatales
apartando la sombra.

Illusion is stripped bare on the fruit orchard
of my breasts in flower.

Cut me, strike me down,
leave me on the peak of the volcano
where Apollo refreshes my lips
cracked with doubt and invincible themes.

What was the event?
Nothing, say the rivers in disorder,
coiling memories and faded landscapes,
and the tongue with terror and the taste
of earth and memory.

Circling, blind with light,
laborious spider of the purest dreams
that the wind erased and crystallised in a tear.

To come from another life
and go towards chaos, without conscience,
with one's temples submerged
in the terrible legend: dizzying, immaterial,
thirsty for eternity and forgiveness, for offences and their echoes.

The small spadeful of soul
on the invisible worlds
that cry for unknown misfortunes
and listen to speeches of bright stars
and perfumed rays.

Spirit, word, burning gaze
far from the murmur of the veins;
the parallel of the legs
like fatal ropes
pushing away shadow.

Alegría de pensar más allá del viento,
ser la gaviota roja que gira entre los soles
mientras las otras, grises,
blanquean la superficie del océano.

Ya mi voz duerme sobre los sembrados,
estoy inmóvil, aureolada de rocío y misterio.

Dependo de ese viento sutil que acaricia el fresno,
del parpadeo del abedul
y de su maquillaje perenne.

¿Volver atrás? Nunca.

Empezar de nuevo,
arrastrar y levantar cadenas
con ese ímpetu del ser que pinta rosas
en las mejillas de una prostituta.

Atrás están los hechos con sus fechas borradas,
un pañuelo a la distancia con olor a pólvora
y esa palabra que no vino jamás.

Nunca zarpé del puerto,
no supe del adiós y del regreso,
y, sin embargo, todas las cosas se han ido de mí,
mientras en cada mañana retorno desde el sueño.

Aún, dice la estrella,
aún, la rana con su rumor de agua polvosa
y yo le respondo: aún y siempre,
despavorida, ante la belleza mordida y curvada
por los inútiles intentos.

The joy of thinking beyond the wind,
of being the red seagull that turns amidst suns
while the others, grey,
paint white the surface of the ocean.

Now my voice sleeps on the sown fields,
I am unmoving, haloed in dew and mystery.

I depend on this subtle wind that caresses the ash tree,
on the blinking of the birch
and its eternal makeup.

Go back? Never.

To begin again,
to drag along and lift up chains
with that impetus of the being who paints roses
on the cheeks of a whore.

Behind are the facts with their dates erased,
a handkerchief in the distance with the scent of gunpowder
and that word that never came.

I never set sail from the port,
I don't know about farewells and returns,
and yet all things have gone from me
as each morning I return from dream.

Even now, says the star,
even now, says the frog with its murmur of dusty water
and I answer: even now and forever,
terrified, before the beauty worn and bent
from useless attempts.

Hay algo en mí que no puede morir,
flotará en las atmósferas más desveladas,
se irá de perfil por los desfiladeros,
besará estrellas y lunas y soles,
mascará diamantes y se hará transparente
como la luz del mundo.

Vendrán tempestades y cataclismos,
lo eterno se abrirá las venas
y yo le miraré al fondo de los ojos.

Pero este número, este yo, este límite
que me ahoga, esta carga, este lastre
que me aplasta, ¿dónde caerá?

Triunfar del horror, ser nube
electrizada y bella
disuelta a horcajadas sobre la muerte.

La Primavera derrochó su instinto floreal:
las lilas, los copos de nieve, la corona del poeta,
esos lirios negros, morados y ebrios
que llegan al balcón de los secretos recursos
cuando nos desnudamos de la envoltura mortal que nos cubre.

Sobre la colina
el acordeón de la tarde trae ecos tránsfugas.

El bosque y su melena de esmeralda,
las piedras inmóviles,
la quietud que se eleva
balanceándose sobre el abismo
y mi perdón arrodillado
perdido, imantado,
tenaz, abrupto y asesino.

There is something in me that cannot die,
it will float in the most sleepless atmospheres,
it will move in silhouette through the gorges,
it will kiss stars and moons and suns,
it will chew up diamonds and make itself transparent
like the light of the world.

Storms and cataclysms will come,
the eternal will open its veins
and I will look into the depths of its eyes.

But this number, this 'I', this limit
that suffocates me, this load, this burden
that crushes me, where will it fall?

To triumph from horror, to be cloud
electrified and beautiful,
dissolved astride death.

Spring squandered its floral instinct:
the lilies, the snowflakes, the crown of the poet,
those black lilies, purple and inebriated,
that arrive at the balcony of secret resources
when we shed ourselves of the mortal wrapping that covers us.

On the hill
the accordion of evening brings fugitive echoes.

The forest and its emerald mane,
the unmoving stones,
the stillness that rises up
balancing itself on the abyss
and my forgiveness on its knees,
lost, magnetised,
tough, abrupt and assassin.

Dueño, mi dueño, ¿eres una palabra?
¿eres la ficción, lo imperativo, la verdad?

¡Si las turquesas y corales salieran del mar hondo
y mis manos las pulverizara y las aventara
a todos los vientos!

Ofrenda de grito reprimido,
dolor azul que taladra la montaña,
batalla de tanques heridos
contra el vendaval de los pueblos.

Qué grito, qué rebeldía de alas puras.

Filo de luna menguante,
garra de animal moribundo,
veneno, horror, tibia canción entre ropajes
más tibios que las criaturas en el vientre materno.

Vanidad fría como mis rodillas,
desprecio altivo más que el trueno que me cohíbe,
mueca de todos los rostros,
que llevan en el lomo una serpiente.

Venid a mí, muchedumbres,
venid en ronda subterránea,
quiero decir la verdad amarilla.

La verdad que es mentira, la mentira
más inconmensurable,
porque tiene ese hedor de cadáver
y esas gelatinosas espermas
que se sonríen a la luz de la luna.

Master, my master, are you a word?
are you the fiction, the imperative, the truth?

If turquoises and corals were to emerge from the deep sea
and my hands crushed and threw them
into all of the winds!

The offering of a repressed shout,
blue pain that drills into the mountain,
a battle of injured tanks
against the harsh wind of the towns.

What a shout, what rebellion of pure wings.

Blade of waning moon,
claw of dying animal,
poison, horror, warm song amidst clothes
warmer than the creatures in the maternal belly.

Vanity cold as my knees,
contempt more arrogant than the thunder that inhibits me,
grimaces on all faces
carrying a serpent on their backs.

Come to me, masses,
come in an underground circle,
I want to tell the yellow truth.

The truth that is lie, the lie
most immense
because it has the stench of a corpse
and those jellied sperm
that smile in the light of the moon.

Diana cazadora por los caminos siderales,
llevo el peso de los siglos en mis hombros,
sacudo el polvo y estoy siempre cansada,
metida en el abismo de un caracol gigante.

Diana cazadora en los parques del Invierno ido,
con un corazón palpitante entre los dedos,
¿para qué? Para arrojarlo
al festín de los perros
como arrojaste la belleza y la estampa
diluida en la frontera de todas las pasiones.

Diana, escupe lo único que posees:
el recuerdo!

Venía desde muy lejos
con arena y melena de algas quemadas
y se enseñoreó en mis dominios;
todo era mío: la pared quebrada de sol,
la fuente lúgubre donde se bañaba el espectro de un árbol,
y danzó la danza de los lirios negros.

En el fondo de mi ojo se cubrió la pupila,
se hicieron milagros con zapatilla de humo
y entré al redondel de hojas en torbellino,
mar afuera, como los barcos sin timón,
gozándome de esa grandeza que como las pirámides,
se deslíen con el fulgor de la mirada.

Fui la película donde la actriz se mira
y se siente creadora de sí misma,
con alma de encantador oriental
a la hora del incienso y las arañas impresionantes.

Huntress Diana on the starry paths,
I bear the weight of the centuries on my shoulders,
I shake off the dust and am always tired,
trapped in the abyss of a giant snail.

Huntress Diana lost in the parks of Winter,
a heart beating between her fingers,
for what? To throw it
to the feast of dogs
as you threw away beauty and the blurred picture
at the frontier of all passions.

Diana, spit out the only thing you possess:
memory!

She came from very far away
with sand and a mane of burnt waters
and took control of my domains;
everything was mine: the broken wall in the sun,
and the melancholy fountain where the spectre of a tree bathed
and danced the dance of the black lilies.

In the depth of my eye the pupil was covered,
miracles were done with a slipper of smoke
and I entered the arena of whirling leaves,
sea outside, like boats without rudders,
taking my pleasure in the grandeur that as with the pyramids
reveals itself with the brilliance of the gaze.

I was the film in which the actress looks at herself
and feels she is a creator of her own being,
with the soul of an eastern enchanter
at the hour of incense and dazzling spiders.

Sentí mi desnudez reflejada en el cielo
los brocatos de oro de la tarde me cubrieron,
maravilla, sorpresa, alada armonía,
que mientes y no me descubres.

Son los ratones de la costa serena,
suaves y furiosos,
arpegiando el arpa rubia que desata tempestad.

Era en la Navidad cuando los pinos sudan de confusión,
mi corazón ovillado aguardaba
la ola definitiva que había de arrastrarme
por los pantanos. No tenía miedo ni alegría.

Fue el éxtasis.

Había color y terror
y no sentí su alarido.

Así como la joya del sultán
en la bandeja del imperio.

Después... paso a paso,
débil nave arribé a seguro puerto,
pero allí nadie me esperaba.

'En verdad, sólo una cosa es necesaria'...

Me afano, hurgo, trajino, gesticulo,
agoto las fuerzas y me curva el cansancio,
pero desde ese fondo me alzo nueva y maravillada.

I felt my nakedness reflected in the sky
and the gold brocades of afternoon covered me,
wonder, surprise, winged harmony
that you deny and do not discover in me.

These are the rats of the quiet coast,
gentle and furious,
playing arpeggios on the blonde harp that unleashes a storm.

It was during Christmas that the pines sweated in confusion,
and my wound-up heart awaited
the conclusive wave that had to drag me
through the swamps. I felt neither fear nor joy.

It was ecstasy.

There was colour and terror
and I did not feel his cry.

Like the jewel of the sultan
on the tray of empire.

Later... little by little,
a weak boat, I arrived safely to harbour,
but no one was waiting for me.

'In truth, just one thing is necessary'...

I toil, I dig, I move, I gesture,
I exhaust my strength and am bent over by fatigue,
but from that abyss I raise myself up anew, full of awe.

Señor sol, adelante, el sillón está vacío,
hay fresas en ese canasto y agua de vertiente
para tu luminosa pesadumbre.

De espaldas contra la noche,
lentos movimientos, silencio,
una cuerda, un pétalo peregrino del alba,
confusión, extrañeza, miseria humana.

Las muñecas de trapo agitan el conjunto,
son flores de cemento
en contrato de paz y de silencio.

Yo te amo, pero mi pensamiento
tiene el contorno de su mal sin remedio.

En el delirio me incendio,
la ceniza me escucha y llena el cántaro
con la claridad perpendicular del deseo fallido.

Aquí está la paleta y el color de oro sensitivo,
pero mi cabeza es de plata y pesa como las monedas.

Flautas del dios Pan,
arrebatando los estrados del bosque
llegan a mi oído;
es la armonía cardinal del ocaso.

Es necesario enterrar los ojos
para entregar el espíritu.

Detener tu avance, ¡oh!, vida,
detener tu hálito guerrero
y apagar tus llamas amarillas.

Lord Sun, come, the armchair is empty,
there are strawberries in that basket and water from the hills
for your luminous grief.

Back turned against the night,
slow movements, silence,
a rope, a wandering petal of dawn,
confusion, astonishment, human misery.

The rag dolls shake the set,
they are flowers of cement
in a bond of peace and silence.

I love you, but my thought
holds the outline of your evil without remedy.

In delirium I set myself on fire,
the ash hears me and fills the pitcher
with the perpendicular clarity of failed desire.

Here is the palette and the color of sensitive gold,
but my head is silver and weighs heavy like coins.

Flutes of the god Pan,
taking over the stages of the forest
come to my ears;
it is the cardinal harmony of sunset.

It is necessary to bury the eyes
to surrender the spirit.

Halt your advance, oh!, life,
halt your warrior breath
and put out your yellow flames.

Estoy agotada y luminosa,
cada rincón de mi cuerpo resucita;
los demonios de la locura
extienden un tapiz con pólvora y tiniebla,
la pasión exalta y languidece
fosforescente, reprimida, desmayada.

A mi alrededor muere el venado
y las flores se apagan como cirios
cuando mi vestido de penas es inmortal.

Si muero, el terciopelo bendecirá mi mejilla,
la oscuridad prenderá su ceniza, para abrigarme.

Yo me alzaré como la libélula
en un solo pensamiento que abarcará la nada.

Polvo, dirán las almas esporádicas,
polvo, clamarán los corazones cobardes,
pero este polvo gris, alucinado y deforme
clamará, a su vez, inmensamente
por el amor eterno.

¿Estás ahí? ¿Estoy aquí?

¿Somos hechos de qué luminosa consistencia,
sumergidos en qué abismo sin presente?

Los abuelos con su leyenda crepitan bajo los puentes.

Palpitan las sienes del mar
y su novela arde en el disco inmanente del tiempo.

I am exhausted and luminous,
each corner of my body returns to life;
the demons of madness
stretch out a tapestry of gunpowder and shadow,
passion exalts and wilts,
phosphorescent, repressed, fainted.

Around me the deer perish
and the flowers go out like altar candles
but my dress of sorrows is immortal.

If I die, velvet will bless my cheek
and darkness will set fire to its ash, to shelter me.

I will raise myself up like the dragonfly
in a single thought that takes in the nothingness.

Dust, the occasional souls will say,
dust, the cowardly spirits will call out,
but this grey dust, hallucinated and deformed
will clamour immensely in its turn
for eternal love.

Are you there? Am I here?

Of what luminous consistency are we made,
submerged in what abyss without present?

The grandfathers with their legend crackle under the bridges.

The temples of the sea throb
and their novel burns in the immanent disc of time.

Como gota de plomo, mi corazón
se hace denso horadando el pasado;
sin querer te vivo, pasada memoria, momento gris,
hora perezosa y fugaz ¿del mundo?

Los mercados con sus frutos rosados
invaden el alba y las horas oscuras,
peino el sauce de mi cabello cuotidiano
y trajino la espera y el solaz de un momento.

Rebano mi tajada de pan
antes de morir del todo,
bebo en el cristal azul de un sueño
el resto de mi copa vacía.

Alegría de pertenecerme,
de acariciar el pensamiento mío
y por mío perfecto,
borrar los contactos,
olvidar las respuestas,
despreciar las preguntas,
por ser del yo la única palabra.

Saberme enferma del alma y sonreír,
alimentar alimañas que corroen las entrañas,
mirar con mis ojos
este fondo infinito que me alarga la vida.

Claro olvido de Dios,
sin aspiraciones, ni venganzas.

Al borde de las cuerdas del puente,
empinada en la punta de los pies,
alcanzar el firmamento.

Like a drop of lead, my heart
makes itself dense, drilling into the past;
without wanting you alive, past memory, grey moment,
idle and fleeting hour (of the world?)

The markets with their pink fruits
invade the dawn and the dark hours,
I comb the willow of my hair every day
and carry about the expectation and solace of a moment.

I cut my slice of bread
before dying from everything,
I drink from the blue crystal of dream
the dregs of my empty cup.

Joy of belonging to myself,
of caressing thoughts that are mine
and perfect for me,
erasing contacts,
forgetting replies,
scorning questions
to make 'I' the only word.

To know myself sick in the soul and smile,
to feed vermin
that eat away my insides, to look with my eyes
into this infinite depth that extends my life.

Clear forgetfulness of God,
without aspirations, without revenge.

At the edge of the ropes of the bridge,
standing on tip-toe,
I reach the heavens.

Ser pura como la flor del almendro,
envanecida y soberbia.

Oscuro olvido de Satán
espolvoreado sobre mi cuerpo.

Nada poseo sino la tierra,
nada deseo sino la tierra,
nada exalto sino la tierra
y, sin embargo, nada odio tanto como la tierra,
y en ella me sumerjo anticipándome
herida de espanto, alucinada, sola,
con la alegría del demente
y la lengua del ahorcado,
entreabriendo los labios insaciados
por el calor de un beso inmenso.

Si cantarán los pájaros
o chirriarán los búhos y los chunchos
cuando me precipite en la tiniebla definitiva.

Preferiría que en la ventana
echara el sol su aliento rudo y sofocado,
saludada por las acacias de mi boda,
iluminada por sonrisas de niños,
cruzado el cielo de pájaros de acero.

Será Primavera y la tierra estará seca y fresca;
entonces una llovizna diáfana caerá
y mi cuerpo cansado se sentirá bien
como las semillas que el sembrador
arroja en los surcos.

To be pure like the flower of the almond tree,
made vain and arrogant.

Dark oblivion of Satan
sprinkled over my body.

Nothing do I possess but the earth,
nothing do I desire but the earth,
nothing do I worship but the earth,
yet nothing do I hate so much as the earth,
and I sink myself into it anticipating
a terrifying wound, hallucinating, alone,
with the joy of the lunatic
and the tongue of the hanged man,
half-opening the unsated lips
for the heat of a deep kiss.

Will the birds sing
or the owls and the chunchos screech
when I plunge into the final shadow?

I'd prefer that in the window
the sun let out its crude stifling breath,
greeted by the acacias of my wedding,
illuminated by the smiles of children,
with the sky crossed by steely birds.

It will be Spring and the earth will be dry and fresh;
then a transparent drizzle will fall
and my tired body will feel well,
like the seeds that the harvester
tosses in the furrows.

Países ardientes, con ruinas y huesos humanos,
dulce viento arrasado de mariposas blancas,
guerreros y santos en estampas murales
y el mar lejano, misterioso en carcajada de espuma.

No tejieron mis dedos linos ni algodones candorosos,
pero en la sombra mis ojos tejían auroras,
mi alma se alzaba y caía y sollozaba
porque algo la llamaba desde la nada.

Fui al pozo, era redondo y simétrico
como los anillos de la luna.

Agua vertical, rítmica y lustrosa,
mosquitos ínfimos y desorientados,
manos morenas y pensativas,
vértigo-canción, viento Norte.

Me envuelvo toda con los restos de una lira quebrada,
en los espejos del mar me miro,
esmeralda dura, diamante fugitivo,
vuelo que despierta al pie del torreón.

Pero eres tú, indescriptible sonámbulo,
el parangón de mi minuto.

Te conocen los ecos de la luz
y me absorbe tu destino.

Engaños, traiciones
me encaminaron hacia la quebrada,
miré y vi una mano y una risa egipcia.

Burning countries, with ruins and human bones,
sweet wind drawn by white butterflies,
warriors and saints in wall paintings
and the faraway sea, mysterious in its cackle of foam.

My fingers did not weave flax or ingenuous cottons,
but in the shadow my eyes wove dawns,
my soul rose up and fell and wept
because something called to it from the nothingness.

I went to the well, it was round and symmetric
like the rings of the moon.

Vertical, rhythmic and glossy water,
tiny disorientated mosquitos,
dark thoughtful hands,
vertigo-song, North wind.

I wrap everything in the remains of a broken lyre,
in the mirrors of the sea I look at myself,
hard emerald, fugitive diamond,
flight that wakes at the base of the turret.

But you are you, indescribable sleepwalker,
the paragon of my moment.

The echoes of light know you,
and your destiny absorbs me.

Deceptions, betrayals
sent me towards the ravine,
I looked and saw a hand and Egyptian laughter.

Un escenario confuso y contraído
que me conmueve y desatina,
corro sin detenerme jamás,
trepo al último balcón,
lo profundo me alcanza y desgarra
el borde de mi traje.

Trance, locura de amamantar un hijo,
rodearlo de maravilla y enseñarlo a mirar hacia adentro.

Los vellones del cordero se vuelven púas de acero,
sus ojos son punzones, sus manos tenazas.

El desequilibrio cruza y tortura
la dispersa confabulación de los huesos.

Cuando el agua salada nos mece,
decimos: azul, azul, azul;
allá se enciende una luz,
aquí se apaga una tiniebla.

La virginidad huye del planeta,
los instintos muerden,
Satanás los azuza y los comprende.

Es un círculo que se aprieta,
ya no veo sino la imagen ultrasensible;
grito: luz, abridme las venas,
dadme una pluma de oro y un pergamino.

Ahora sí, reconozco tu nombre
empapado de sangre, atravesando las nieves,
saludado por las águilas.

A confused and twisted scene
that affects and bewilders me,
I run from it without stopping,
I climb the last balcony,
the depths reach me and tear
the edge of my dress.

Trance, madness to suckle a child,
surround him with wonder and teach him to look within.

The fleece of the lamb turns to barbs of steel,
its eyes are awls, its hooves pincers.

Instability fills me and tortures
my scattered conspiracy of bones.

When the saltwater rocks us,
we say: blue, blue, blue;
there a light turns on,
here a shadow goes out.

Virginity flees the planet,
the instincts bite,
Satan urges them and understands them.

It is a tightening circle,
now I see only the ultrasensitive image;
I yell: light, open my veins,
give me a gold quill and parchment.

Now, yes, I recognise your name
soaked in blood, crossing through snows,
greeted by eagles.

He vaciado mi vida.

Como a mi madre, la espera me hace trágica,
un puñal me observa,
con él escribo en la arena mística
nuestros nombres sin cruces.

Mis muslos están trizados
¡y son las columnas del templo!

Siempre el límite, siempre la puerta,
siempre hasta ahí: lo humano.

Despertar y saberse desnuda,
conocer el secreto de las ansias,
ser isla, espiral, cardo azul al borde del abismo.
Si maldices mi alma, reconócela al menos.

Grises cabellos en la polvareda de un presentimiento,
baúl de ébano con rosas dormidas.

Los heraldos van por el camino:
hierática, inmaterial, aguardo.
Han pasado en pompas de jabón
haciendo trizas la estrella palpitante del río.

Vísteme del temblor de los luceros,
apriétame el corpiño triste
de este silencio que me mira vencida.

I have emptied my life.

Like my mother, the wait makes me tragic,
a dagger watches me,
and with it I write in the mystic sand
our names without crosses.

My thighs are smashed
and they are the columns of the temple!

Always the limit, always the door,
always up to there: the human.

To wake and know oneself naked,
to know the secret of longing,
to be an island, a spiral, a blue thistle at the edge of the abyss,
If you curse my soul, at least recognise it.

Grey hair in the dust cloud of a premonition,
trunk of ebony with sleeping roses.

The heralds go along the road:
inscrutable, immaterial, I wait.
They have passed in splendours of soap,
tearing to shreds the throbbing star of the river.

Dress me in the trembling of the bright stars,
press close the sad bodice
of this silence that looks at me, defeated.

¿Dónde vi esas paredes blanqueadas
a la luz de un quinqué?
¿y esas rosas rojas amparadas bajo la lámpara?
¿todo lo verde y enrejado,
los suelos enladrillados
y la bruja afirmada en el viento?

En el fondo del mar
estaba el grave y celeste infinito
que hizo mi carne pura y mis ojos segados.

Gota de agua igual a la otra gota.

Polvareda en donde todo se consume,
delirio del océano agitado,
monstruos que gimen,
corceles de brida suelta
y orines imantados.

Fuerza y desborde
de la contagiosa belleza,
qué de extraños lamentos nutre, canta o calla.

Rito del espíritu
en la mansión de las quimeras,
apretada inquietud de los abismos.

De pie, como si caminara,
los ríos me llevan desatada por el silencio.

La presencia de Dios y su imperativo
allá en el fondo de mi ser,
iluminando el drama desenvuelto del dolor.

Where did I see those white walls
in the light of an oil lamp
and those red roses sheltered in its glow?
all the greenery and trellises,
the grounds covered in brick
and the witch steady in the wind?

In the depth of the sea
was the sombre and infinite blue sky
that made my flesh pure and dazzled my eyes.

One drop of water just like another drop.

Dust cloud where everything is consumed,
delirium of the tossing ocean,
monsters that moan,
steeds with loose bridle
and magnetised urine.

Force and overflow
of the contagious beauty
that from strange laments is nourished, sings or keeps silent.

Rite of the spirit
in the mansion of chimeras,
cramped restlessness of the abyss.

On foot, as if I were walking,
the rivers carried me frenzied through the silence.

The presence of God and his imperative
there in the depth of my being,
illuminating the unfolded drama of pain.

Dolor de sentir que somos todas las cosas
que la materia puede concebir: horror, y término y ternura,
ilusión maravillosa y temblor
en la mirada verde del mar.

Arrasarse y ser de sí misma
el propio y gratuito asesino de la tarde.

Detrás de cada puerta
escuché la carcajada helada,
mi sensibilidad se partió
me cubrí con la capa del amor
cuadriculado como todos los colores de las ansias.

Seguí fugitivas estrellas
que se iban de cabeza por el cosmos,
y ellas supieron de lo inalcanzado
y de todo eso que la muerte lleva en sus entrañas.

Amado mío, ¡cuánto pediste!
si en esa cabalgata de sueños
al menos una vez se hubiese transfigurado mi alma.

Cómo nuestros huesos,
a veces, se cansan de su mismo ropaje.

Porque la mañana es rosada y verde
y la tarde azul y sombra,
y nuestros ojos siempre negros y encendidos
y la misma palabra profanando la lengua.

Pastora de mariposas y ganados,
mi flauta de caña se escucha a la distancia.

Pain of feeling that we are everything
that matter can conceive: horror and limit and tenderness,
marvellous illusion and trembling
in the green gaze of the sea.

To destroy oneself and be one's own
unjustified assassin in the afternoon.

Behind each door
I heard the icy laugh,
my feeling left me,
I covered myself with the sheet of love,
checkered like the colours of longing.

I followed fugitive stars
that went headlong through the cosmos,
and they knew of the unfulfilled,
and of all that death carries inside itself.

My beloved, how much I asked of you!
if only in that procession of dreams
my soul had been transfigured at least once.

Just as our bones,
at times, tire of the same garments.

Because the morning is pink and green
and the afternoon blue and shadow,
and our eyes always black and inflamed
and the same word desecrates the tongue.

Shepherdess of butterflies and cattle,
my reed flute is heard in the distance.

Alguien hizo sonar una cadena
que llora como campana sin eco;
bajo ella mi corazón se esconde
con la inquieta sabiduría de los gorriones.

Allí están desatadas las maravillas del mundo,
esas que mis manos y mis ojos hicieron posibles.

Lo eterno en el ala del gusano de luz
y el soplo de tempestad sobre la edad de las encinas.

Porfía de hurgar y desmenuzar
y ver y tocar y dar forma
a eso que los poetas se comen
y los sastres escupen.

No sufro y vivo del sufrimiento,
costumbre de abrigar en el seno los números
y manejar el compás y la línea
hasta que el suave rumor de nuestros pasos,
se adapte, se haga una sola y misma cosa.

Hierática, admito la ley, frejol del alba,
mentida y musgosa rosa de las épocas.

Sencilla como la muerte,
hago derroche de piedras preciosas para tu conciencia.

Te veo hacer de ti ese barco pirata que decora los mares,
y te doy mi dolor para que hundas en él tu cara pálida,
y el brillo engañoso de tu ojo de diamante.

Someone swung a chain
that cries like a bell without echo;
under it my heart hides away
with the restless wisdom of the sparrows.

There the wonders of the world are unleashed,
those that my hands and my eyes made possible.

The eternal in the wing of the lightning bug
and the breath of the storm on the age of the oaks.

I insisted on digging and shredding
to see and touch and give form
to that which the poets eat
and the tailors spit out.

I do not suffer and I live by suffering,
the habit of sheltering numbers in the breast
and managing the compass and line
until the soft murmur of our steps
adapts, becomes one and the same.

Inscrutable, I admit the law, bean of the dawn,
invention and mossy rose of the ages.

Simple as death,
I waste precious stones for your conscience.

I see you make yourself the pirate boat that adorns the seas,
and I give you my pain so you sink your pale face into it,
and the deceitful shine of your diamond eye.

Desvanecer lo rojo hacia un rosado apenas
y de lo blanco ir a lo transparente
y desdoblar el alma desde lo negro a lo profundo
y escalonar el dolor, la agonía hasta la muerte
y todo con un pincel tan fino como las yemas de los dedos.

Cantarita inútil, humilde, silenciosa,
flor de un momento, remolino de carretera,
el carro de la civilización, ¡ah!
salvajemente anulando huellas, briznas y corazones de niños.

Irremediablemente me revuelco en el horror
arrancando sonidos del violín de mis nervios.

Frente al espejo que me devuelve la mirada
y que me grita con un grito demacrado.

En las noches, muy juntas las manos,
sentirlas tan pequeñas con el mundo en las palmas.

El rodado viene, anuncian desde la cumbre;
esquivo la silueta de silencio, arrebujada y nítida;
soy del miedo la carátula,
el lomo de lo hondo rudo,
cuando los terrores exaltan los sentidos.

Un nido de serpientes
se desparrama sobre la glorieta
succionando campánulas y hojas de nuevo cuño.

Mi mundo, mi locura, mi sueño,
como si no encontrara ojos ni cabellos,
frente a frente a los olvidos,
a la pasión violenta, a la verdad desencantada.

To fade the red towards faint pink
and to go from white to transparent
and to fold the soul from black to the depths
and to stagger the pain, the agony until death
and everything with a brush delicate as the fingertips.

Useless little song, humble, silent,
flower of a moment, dust devil,
the cart of civilization, ah!
wildly erasing footprints, blades of grass and hearts of children.

Inevitably I do turns in the horror
drawing sounds from the violin of my nerves.

Before the mirror that returns my gaze
and that shouts at me with an emaciated cry.

At night, my hands pressed close together,
I feel their smallness, and the world in my palms.

The boulder is coming, they announce from the peak;
I dodge the silhouette of silence, compact and clear;
I am the coating of fear,
the bottom of the crude depths
when terrors exalt the senses.

A nest of serpents
spills over the arbour
sucking up bluebells and baby leaves.

My world, my madness, my dream,
as if I found neither eyes nor hair,
face to face with forgetting,
with violent passion, with disenchanted truth.

Años, esperanzas, colinas,
para encontrar una llave perdida
que ya no calza en la cerradura enmohecida.

¿Pero, es cierto que estoy al borde de la vida?
¿Cuándo aparecí en estas románticas orillas?

Unas nubes oscuras se ensanchan como banderas,
el sol me calcina con sus luces violetas,
el barro de mi huella enarca su misterio.

Qué sería transfiguración y qué asombro,
qué sorpresa de ser la cifra y la partida
de esta carrera loca que no va a parte alguna.

Es la redoma de la voluntad,
esa voluntad sin margaritas ni jazmines,
eso que no es diáfano ni maravilloso,
sino concreto, difundido, pesado y material.

Voluntad que no vuelve la cabeza tan pegada sobre los hombros,
voluntad que se va por la montaña indiferente
y regresa por los caminos de la demencia.

Mujer, tibia fosforescencia sin arraigo y sin clima,
tempestuosa en la serena claridad de lo pequeño,
alargas la cuerda del volantín que va por las esferas,
y cuando roto y solo, juguete de los vientos,
da de cabezas con la nube,
preguntar, como un niño: cómo alcanzarlo ahora...

Years, hopes, hills,
to find a lost key
that no longer fits in the mouldy lock.

But is it true I am on the edge of life?
When did I appear on these romantic shores?

Some dark clouds billow out like flags,
the sun scorches me with its violet light,
the mud of my footprint arches its mystery.

What serious transfiguration and what astonishment,
what surprise to be the figure and the departure
of this crazy road that goes nowhere.

In the flask of will,
this will without daisies or jasmines,
that is not transparent or marvellous
but concrete, spread out, heavy and material.

A will that does not return the head so firmly stuck to the shoulders,
a will that crosses the mountain with indifference
and returns over paths of dementia.

Woman, warm phosphorescence without root and without atmosphere,
stormy in the serene clarity of small things,
you unspool the string of the kite that goes through the spheres,
and when it's broken and alone, a plaything of the winds,
swallowed up in the clouds,
you ask, like a child: 'How can I reach it now...'

Nunca supe de mí más de lo que fui siempre:
reloj, máquina con setenta rubíes a la espalda.

Olvidar todo y con planta quemante
pisar la tierra por la vez primera,
sin esperar que el viento nos señale la ruta,
sin seguir esa estrella angustiosa que pestañea y ronca
ahondando el abismal reducto entre la sombra.

Son los trinos de lengua fina, nítida
los que me rebalsan el labio descreído.

Maravilla de cantar siendo esencia de canto,
íntima inquietud de la palabra hastío.

Duermo excesiva y transparente
como la magnolia impresionante
que cae de su peso al roce de un grito.

Gitana de alma, señora de costumbre,
viajera de pies desnudos e hijos a la espalda,
orillando florestas y ríos y canciones
no detenerme nunca ni por lunas o soles.

Sentir finalizada la ruta curva y disociada
del eterno cansancio,
arrojarla como la cáscara del fruto amargo y dulce.

Nunca pedí lo que no habrían de ofrecerme,
cogí rosas y bebí zumo de estrellas;
esto me hizo armónica y desconectada.

El egoísmo no perdonó
mi diáfana sensualidad,
– motivo extraño –.

I never knew more of myself than what I always was:
a clock, a machine with seventy rubies on its back.

To forget everything and with burning sole
stamp the earth for the first time,
without expecting the wind to show us the path,
without following that anguished star which blinks and roars
deepening the vast abyss in the shadow.

The trills of a fine, sharp tongue
overflow my incredulous lip.

The wonder of singing is the essence of song,
the intimate restlessness of the word 'weariness'.

I sleep too much, transparent
like the astonishing magnolia
that falls by its own weight, at the hint of a shout.

Gypsy in her soul, lady in her habits,
a traveller with bare feet and children on her back,
she skirts glades and rivers and songs
not stopping even for moons or suns.

To feel the winding path ended, separated
from the eternal fatigue,
to toss it away like the shell of a bitter and sweet fruit.

I never asked for what was not offered to me,
I snatched at roses and drank the juice of stars;
this made me harmonious and disconnected.

Egoism did not pardon
my airy sensuality,
– strange reason –.

Enloquecida traspuse el lago
remando, cantando, sin alcanzar jamás la orilla.

Cisne de cuello caprichoso,
despreciativo y altanero,
inefable y moribundo destello de otros arcos futuros.

Tu risa quebrada es hipnótica y distante
junto a mi cara del color de las horas.

En la reja del parque se saludan las lagartijas.

Eres de un mineral azul-rojizo y duro,
reflejo de montaña o caudal de torrente,
tu fuerza desbordada enloquece al cordero,
tu voz se compenetra de un vuelo de playas amargas
y destila aguardiente de venganza.

No estoy triste ni alegre,
aunque el término es frío y contundente.

Desde donde parta llego al mismo destino,
con toda su pompa de hilo de oro y perfumes exóticos.

Maestra alucinada que no enseñaste
la muda convalecencia del regreso,
esa que no se seca al sol
y se lava en aguas de sombra;
teniendo la condición que no tiene
la maestra de carpeta de cuero:
no poder engañar con la alegre e inocente mentira.

Acaso el eléctrico grito más azul del universo
cruce los elementos en declive
– imán y término –.

Driven mad I crossed the lake,
rowing, singing, without ever reaching shore.

Swan with fanciful neck,
scornful and arrogant,
ineffable dying glint of other future arches.

Your broken smile is hypnotic and distant
along with my face the colour of the hours.

On the railing of the park the lizards greet one another.

You are made of a mineral, reddish-blue and hard,
reflection of mountain or flow of a torrent,
your overflowing strength drives the lamb mad,
your voice blends with a flight of bitter beaches,
and distils the liquor of revenge.

I am neither sad nor happy,
although the end is cold and conclusive.

Wherever I set out from, I arrive at the same fate
with all its pomp of gold thread and exotic perfumes.

Delusional master whom you did not teach
the mute convalescence of return,
that which does not dry in the sun
but washes itself in the waters of shadow;
having the condition
the master with the leather portfolio lacks:
the inability to deceive with the happy innocent lie.

Perhaps the electric shout bluer than the universe
goes through the deteriorating elements
– magnet and end –.

Viajera de la noche, corcel de humo inmóvil
atravesando la alegría del desengaño.

En mi canasto de aurora
el sol, canario del alba, rebalsa y quema,
pero las lloviznas de Abril
volcaron el cuadro líquido de mi atmósfera.

El perfume anaranjado de las luciérnagas
remando, río abajo, mi inútil dolor.

Hoy entrego mis manos a la piedad de los ocasos,
cuyos colores avanzan y se pudren al mediodía.

Soy como acacias blancas que se copiaron en el ébano,
como esas lilas de tan oscuras, guerreras,
alzadas de antiguos y oxidados pastos
a la contemplación de los futuros.

Bailan las lagartijas su espejo de lentejuelas,
mi alma instantánea y rebelde da su eco,
solicitada y transparente habito la choza de los precursores
encendiendo el instinto animal que golpea sobre mi corazón.

Si levanté la espuma de mi paso orgullosamente
fue porque me sabía sola y fugitiva por el espacio;
voces nuevas, gritos de luceros, campanillas rígidas
me llamaban. Volví la cabeza y me convertí en piedra.

Traveller of the night, steed of unmoving smoke,
passing through the joy of disillusion.

Into my basket of dawn
the sun, canary of daybreak, spills and burns,
but the drizzles of April
tip over the liquid portrait of my atmosphere.

The orange perfume of the fireflies
rowing downriver, my useless pain.

Today I surrender my hands to the compassion of sunsets,
whose colours advance and decompose at noon.

I am like white acacias copied in ebony,
like those lilacs, so dark, warriors
risen from ancient rust-coloured lawns
in contemplation of the future.

The lizards dance their mirror of sequins,
my instant rebel soul gives its echo,
sought out and transparent I inhabit the shack of precursors,
lighting the animal instinct that knocks against my heart.

If I lifted the froth of my step with pride,
it was because I knew that I was alone, a fugitive through space;
new voices, shouts of bright stars, rigid bluebells
called me. I turned my head and made myself a stone.

Cuando miro mi imagen distante
cuando entre mis ojos la locura hace un círculo,
me repliego a la cuna del mar
y el sagrado recinto respira de confusión y cólico:
sólo lo saben las mareas con los vuelos de sus vestidos levantados,
más ese tiburón tan azul y complicado
como un espíritu perdido en la candorosa tiniebla.

Os he puesto a vosotras, palabras todas
debajo de mi almohada,
una blanca, una negra, así, contrapesándose,
lo simple y lo difícil,
los dientes del pararrayos mascando agua de origen.

Caída de un hombro miro mi capa
de princesa del mar,
arenas calientes hacen cosquillas a mi sereno caminar.

No viene por el viento ese moscardón de levita,
ni esa pluma de nieve que atravesó las serranías
cuando la cara había elegido un antifaz.

When I look at my distant image,
when between my eyes madness makes a circle,
I withdraw into the cradle of the sea
and the sacred enclosure breathes with confusion and colic;
only the tides know it with their flight of raised dresses,
but that shark so blue and complicated
is like a spirit lost in naïve shadow.

I've put them there for you women, all these words
under my pillow,
one white, one black, like this, balancing each other,
the simple and the difficult,
the teeth of the lightning rod chewing the water of origin.

I look at my cape of a princess of the sea,
fallen from my shoulder
as hot sands tickle me during my serene walk.

That wasp in a frock coat doesn't come with the wind,
nor did that feather of snow that crossed the mountains
once the face had chosen a mask.

La aurora ciega

Me ha traído rosas en una bandeja de oro,
aquellas rosas de Enero que no serán jamás las hermosas rosas de Octubre
y que son rosas.

Yo he echado mis palabras a esa redoma de peces;
las he echado como quien echa arroz en agua blanda,
o flores a la espalda de los pantanos.

Y como son palabras semejantes a las palabras de antaño,
a las que en tropel primitivo y poderoso como adolescentes fieras,
cruzaron mi juventud.

Y como tengo miedo de desconocerme,
las arrojé debajo de las cabelleras del sol,
con locura, con miseria humana.

Notes

Verses that exceed the width of the page proceed to the next line with an indent.

The Blind Dawn

He has brought me roses on a tray of gold,
those roses of January that will never be the beautiful roses of October,
yet are roses.

I have tossed out my words to that fishbowl;
I have tossed them out as one tosses rice into gentle water,
or flowers behind marshes.

And as they are words like the words from before,
those that in primitive droves as strong as adolescent beasts
passed through my youth,

and as I am afraid of not recognising myself,
I threw them beneath the hair of the sun,
with madness, with human misery.